COFRE LITERARIO

Iniciación a la literatura hispánica

D1559201

COFRE LITERARIO
Iniciación a la literatura hispánica

ALICIA RAMOS
Hunter College, City University of New York

IRAIDA H. LÓPEZ
Ramapo College of New Jersey

OLGA CASANOVA-BURGESS
Baruch College, City University of New York

Boston Burr Ridge, IL Dubuque, IA Madison, WI New York
San Francisco St. Louis Bangkok Bogotá Caracas Kuala Lumpur
Lisbon London Madrid Mexico City Milan Montreal New Delhi
Santiago Seoul Singapore Sydney Taipei Toronto

McGraw-Hill Higher Education

A Division of The **McGraw-Hill** Companies

This is an 〔B〕 book.

Cofre literario
Iniciación a la literatura hispánica

Published by McGraw-Hill, an imprint of The McGraw-Hill Companies, Inc., 1221 Avenue of the Americas, New York, NY 10020. Copyright © 2003 by The McGraw-Hill Companies, Inc. All rights reserved. No part of this publication may be reproduced or distributed in any form or by any means, or stored in a database or retrieval system, without the prior written consent of The McGraw-Hill Companies, Inc., including, but not limited to, in any network or other electronic storage or transmission, or broadcast for distance learning.

This book is printed on acid-free paper.

1 2 3 4 5 6 7 8 9 0 FGR FGR 0 9 8 7 6 5 4 3 2

ISBN: 0-07-249367-4

Vice President and Editor-in-chief: *Thalia Dorwick*
Publisher: *William R. Glass*
Development editor: *Max Ehrsam*
Executive marketing manager: *Nick Agnew*
Lead production editor: *David M. Staloch*
Manager, New book production: *Sandra Hahn*
Senior supplements producer: *Louis Swaim*
Design manager and cover designer: *Violeta Díaz*
Interior designer: *Michael Remener*
Photo researcher: *Holly Rudelitsch*
Compositor: *G&S Typesetters*
Typeface: *11.5/13 AGaramond Regular*
Printer and binder: *Quebecor World, Fairfield*

Cover illustration: *Marina Thompson*

Because this page cannot accommodate all the copyright notices, credits continue on page C1 and constitute an extension of the copyright page.

LIBRARY OF CONGRESS CATALOGING-IN-PUBLICATION DATA

Cofre literario: iniciación a la literatura hispánica / Alicia Ramos, Iraida López, Olga Casanova-Burgess
    p. cm
  English and Spanish.
  ISBN 0-07-249367-4
    1. Spanish language—Readers—Spanish literature.   2. Spanish American literature.
  I. Casanova-Burgess, Olga 1947–   II. López, Iraida H.   III. Title.
PC4117.R19 2003
468.6′421—dc21   2002026481

http://www.mhhe.com

Contents

Tercera etapa

Preface

Welcome to *Cofre literario,* a literary reader for high beginners and intermediate students. The advent of the American Council on the Teaching of Foreign Languages (ACTFL) Proficiency Guidelines in the mid-1980s marked a shift from an emphasis on grammar, literature, and so-called high culture to an emphasis on oral communication and functional competence in the foreign language classroom. Providing descriptions of functional levels in four skills—speaking, listening, reading and writing—these guidelines give language instructors and learners a framework not only for evaluating learner's performance at different stages but for setting realistic goals for students as well. The more recent Standards for Foreign Language Learning round out the emphasis on communication by setting an understanding of culture as a content goal.

Cofre literario bridges the study of language as envisioned by the Guidelines and Standards and the study of literature in the early stages of language learning: it makes the study of literature compatible with the second language acquisition process and proficiency goals already in place in introductory and intermediate Spanish language courses. *Cofre literario* exemplifies the use of literature as a catalyst for meaningful interactivity in novice-mid to intermediate-mid proficiency levels. With the wide variety of teaching strategies and activities it incorporates, it will enhance any Spanish language program. This reader can be used alone or as a supplementary reader to another textbook.

Cofre literario aims at more than helping students acquire reading skills and develop their reading comprehension. The tasks that accompany readings reinforce and broaden the vocabulary and grammar structures needed for a sound surface-level understanding of the readings, but in addition they take advantage of literature's open-ended subjective qualities to prompt individualized responses that encourage students to begin constructing their own meaning. Thus, the activities built around the literary texts stimulate self awareness and awareness of others, critical thinking, and interest in language itself and in Hispanic cultures. By engaging in the tasks and activities that surround the readings, students will be developing the ability to express themselves meaningfully in their own personal way—the very goal of proficiency training—and making the intellectual connections and comparisons required by the Standards for Foreign Language Learning. Last but not least, reading for pleasure is also a goal. We trust that the generally upbeat bent of the texts together with the playful, interactive quality of the tasks and activities will foster in our students a lifelong affection for Hispanic literature.

To ensure the feasibility of these rather ambitious goals, the seventeen literary readings in *Cofre literario* are divided in three groups: those in the **Primera etapa** include pieces with an abundance of cognates, short phrases, and simple formulaic language; the readings in the **Segunda etapa** consist of sentence-length phrases on highly personalized themes; in the **Tercera etapa** students will be exposed to slightly longer texts that are, nevertheless, linguistically and structurally straightforward. This organization reflects the iterative process of the ACTFL Oral Proficiency Interview (OPI) itself, with its level checks and probes: Students are nudged to stretch beyond their comfort level in each etapa, but there are still ample activities at their base level to fall back on. Furthermore, students are guided in the reading process through pre-reading, reading and post-reading activities that encourage communication as well as comprehension. This method for developing reading skills is widely used in teaching language learners how to approach authentic texts. At the introductory levels it has been applied generally in other contexts to readings of a utilitarian nature, such as menus, schedules, signs, and ads. Because the message in these text types is rather literal and impersonal, reading becomes, to a certain extent, an exercise in decoding fixed meanings—a practice that leaves little room for communication if communication is understood as the expression, interpretation, and negotiation of meaning. As we do here, the same tripartite format (pre-reading, reading, and post-reading activities) applied to literary texts—by definition unconventional and individualistic, open-ended and even ambiguous—prompts the affective and personalized responses that characterize reading for pleasure, an appreciation of literature as well as meaningful communication.

The readings in *Cofre literario* are chosen mainly for their readability—thematic, linguistic, and conceptual—and are representative of the diversity of the contemporary Hispanic world. Our goal is to embrace a variety of geographical regions (Spain, South and Central America, the Caribbean, and the Latino U.S), multicultural and gender perspectives, genres, authors, themes and structural features so as to appeal to students of different ages and cultural backgrounds. We aim, furthermore, to stimulate through these readings an awareness and understanding of Hispanic culture in its varied manifestations. By making the cultural comparisons and connections advocated in the Standards for Foreign Language Learning, students will develop the ability to value diverse communities, both at home and in the Hispanic world. We hope that *Cofre literario* serves as an incentive for students to continue their study of language and literature beyond the basic levels.

ORGANIZATION

Each chapter in *Cofre literario* is divided into seven major sections.

- **Sobre el autor / la autora / la lectura.** This preliminary introduction in English provides a biographical sketch of the author (or of the work or genre, if it is an anonymous piece), as well as background information and insight on the literary selection itself: its themes, style, origins, etc. This introduction also serves to set goals of cultural awareness for readers.

- **Antes de empezar.** This section includes the pre-reading activities that learners carry out before reading the text. Inspired by the content of the chapter's literary selection, these tasks may take a variety of forms: their purpose is to activate schemata or prior knowledge that will help readers feel at ease in approaching the text. By engaging in activities that expose them to the vocabulary, structures, cultural elements, and themes that they will encounter through playful interactivity, students develop expectations that familiarize them with the reading. Typical activities in this section include word games, visual games, brainstorming, grammar review, self-analysis, and pair or small group work. The opening section **Palabras y expresiones** will help students become familiarized with core vocabulary necessary to understand and successfully complete pre-reading activities. All words and expressions are taken from the readings themselves.

- **Leyendo el texto.** The activities in this section generally serve as a basic comprehension check for students as they read. The tasks may be done individually or in pairs or small groups for greater interactivity. Student answers are brief, and typically consist of checking off items that are present in the text, identifying certain elements (for example, images, characters, incidents or main ideas), and matching associated elements, among other activities.

- **A partir de la lectura.** These activities take place after a basic understanding of the content of the selection has been reached. Their function is to stimulate simple analysis and interpretation of the text. They involve learners in the exploration of the construction of meaning, of the relationships between vocabulary or structure and content, and of possible interpretations of the work. The emphasis here is on analytical and critical thinking.

- **Interacciones.** This section focuses mainly on interpretation of the text through oral, proficiency-oriented activities. This section provides an alternative approach to literary interpretation: through recitation, dramatic readings, role-plays, skits, and other interactive activities, students convey their interpretations through performance of situations derived from the readings.

- **A escribir.** This section offers the opportunity to develop writing skills. The tasks are generally proficiency-oriented and grow out of the situations students encounter in the reading. Thus they provide students with yet another opportunity to present their own interpretations of a text through the creative and communicative use of language.

- **Términos literarios.** We have included boxes containing literary terms that will be useful to students when discussing readings with their classmates. Most terms are not mentioned in the readings or even the accompanying activities— their function is to help students develop literary-discussion skills. Definitions in English are provided in the Appendix at the end of the book.

The activities in **A partir de la lectura, Interacciones** and **A escribir** can be done in any order. An instructor may vary the approach from reading to reading. This flexibility allows the instructor to adjust classroom procedures to the changing circumstances, needs, and interests of the class.

A NOTE ABOUT VOCABULARY

As stated above, the **Palabras y expresiones** section includes vocabulary taken from its corresponding reading. Students will need these new words and expressions to carry out pre-reading activities. Furthermore, exposure to this vocabulary is necessary for students to fully understand the readings. Should the readings include new vocabulary not listed in the **Palabras y expresiones** section, students will be able to use context to understand its meaning. The **Tercera etapa** is an exception. Given the complexity of the readings included in this group, we have footnoted additional vocabulary in readings that are particularly challenging. Footnoted words and expressions often include localisms, colloquialisms, and words that students at this level are unlikely to use in everyday conversation.

ANCILLARIES

Cofre literario is supplemented by an Instructor's Manual. This ancillary provides instructors with additional tips for conducting class activities, further information on the writers and literary trends, answers to some exercises, and handouts or worksheets that may be duplicated for students if desired.

ACKNOWLEDGEMENTS

The authors wish to thank our colleagues Debra Popkin (Baruch College, CUNY), Gloria Sawicki (Brooklyn College, CUNY), and Anne Marie Bourbon (Queensborough Community College, CUNY)—authors themselves of the *Cofre literario*'s older sibling in French, *Trésors littéraires*—for inspiring us to embark on this project. We are also grateful to our colleagues in the CUNY Council for Foreign Language Study, to the late Marshall Schneider (Baruch College, CUNY), to Giuseppe Di Scipio (Hunter College, CUNY), and Elena Martínez (Baruch College, CUNY), as well as supportive colleagues at Ramapo College of New Jersey for their unfailing encouragement and sincere interest in our project. We also thank our editors William Glass and Max Ehrsam for their professionalism and priceless insights, and Laura Chastain for her linguistic contributions. Many thanks are owed to the reviewers of this book, whose names appear below. Finally, we must thank our families—particularly Rosa Ramos, Elliot Burgess, Alana Burgess, Carlos Iñiguez, and Alejandra and Diego Iñiguez-López—and friends who have patiently endured us, our excitement and our absence during the writing process.

Reviewers

Patricia Bolaños
College of St. Benedict

Antonio Gil
University of Florida Gainesville

Hector Brasil Laurenzo
University of the Redlands

Sylvia López
Beloit College

Antonio Sobejano-Morán
Texas Lutheran University

Lydia Vélez
California State University Fullerton

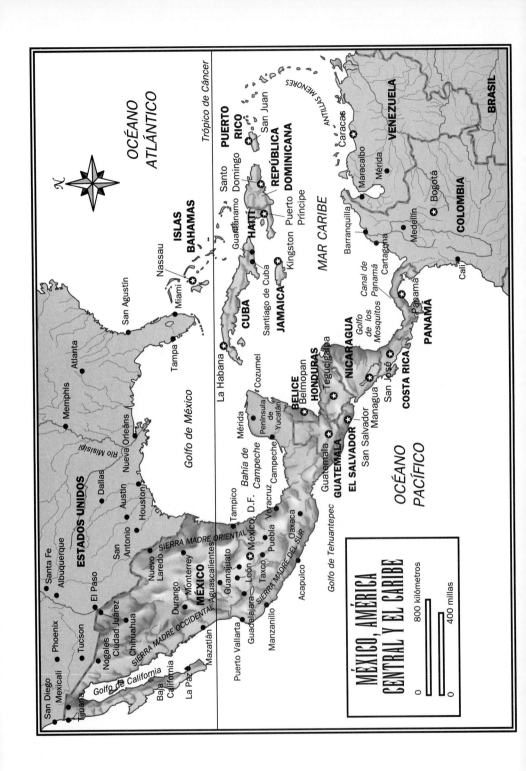

xii   *Map of Mexico, Central America, and the Caribbean*

MAR CARIBE

OCÉANO ATLÁNTICO

PANAMÁ

Barranquilla
Maracaibo
Caracas
Medellín
Panamá
Bogotá
Cali
Quito
Guayaquil

VENEZUELA

GUAYANA
Georgetown
Paramaribo
Cayena

SURINAME

GUAYANA FRANCESA

COLOMBIA

Río Orinoco

Ecuador

ECUADOR

Río Amazonas

Belém

PERÚ

Manaus

Lima
Cuzco
Arequipa
La Paz

CORDILLERA DE LOS ANDES

BRASIL

Recife

BOLIVIA
Sucre

Brasília

Antofagasta

PARAGUAY

Río de Janeiro

CHILE

San Miguel
de Tucumán

Asunción
São Paulo

Trópico de Capricornio

La Serena

OCÉANO PACÍFICO

Córdoba
Rosario

URUGUAY

OCÉANO ATLÁNTICO

Valparaíso
Santiago
Concepción

ARGENTINA

Buenos Aires

Montevideo

Río de la Plata

Puerto Montt
Bariloche
Chiloé

Bahía Blanca

N

Islas Malvinas

Estrecho de Magallanes

Punta Arenas

Tierra del Fuego

AMÉRICA DEL SUR

0   1500 kilómetros

0   1000 millas

Cabo de Hornos

Map of South America   xiii

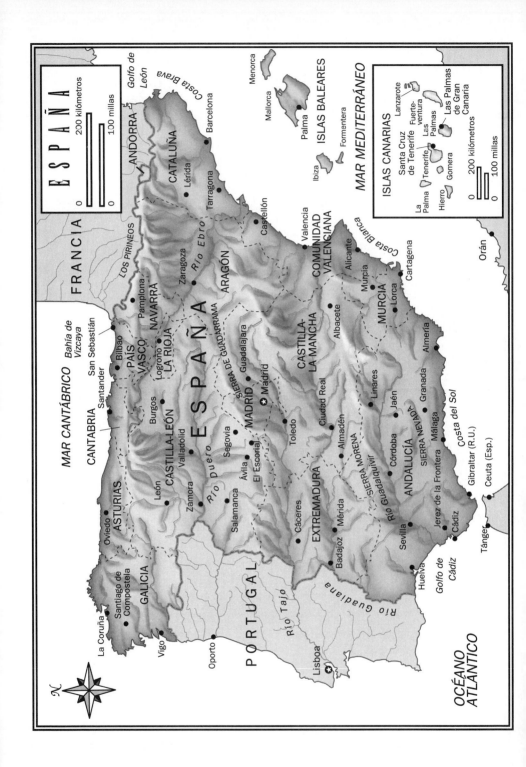

Primera etapa

Canción tonta

Sobre el autor

FEDERICO GARCÍA LORCA is argu-
ably the most renowned Spanish writer
of the twentieth century. Born in 1898,
García Lorca was strongly affected by
the landscape, folklore, and traditions
of his native region of Andalucía in
southern Spain. This influence is evident from his earliest published work,
Impresiones y paisajes (1918), to his
later books of poetry—especially his

Romancero gitano (1927) or gypsy ballads—and his works for the stage. In
his rural tragedies, *Bodas de sangre, Yerma,* and *La casa de Bernarda Alba,* perhaps his most popular works, lyric and symbolic elements converge with high
dramatic tension to produce powerful effects that are Lorca's own. Infusing
his plays with poetry and his poems with dramatic elements, Lorca was the
most dazzling Spanish writer of the Generation of '27, a generation noted for
its creativity and literary innovation. We are in awe of Lorca's prodigious
achievements, and his untimely death in 1936—he was murdered at the start
of the Spanish Civil War—compels us to wonder at the brilliant works he
might have produced had he lived longer. As you read "Canción tonta," try
to identify the lyrical and dramatic elements present in the short poem.

ANTES DE EMPEZAR

Palabras y expresiones

la plata	silver
bordar	to embroider
la almohada	pillow
¡Eso sí!	That I can do!
¡Ahora mismo!	Right away!

A. Asociación de ideas

Paso 1. ¿Qué palabras de la siguiente lista asocias con la relación entre un niño pequeño / una niña pequeña y su madre? Marca las palabras con una X.

a. _____ cariño   e. _____ frío   i. _____ casa

b. _____ leche   f. _____ cuna (*cradle*)   j. _____ jugar

c. _____ dormir   g. _____ cantar   k. _____ bordar

d. _____ agua   h. _____ almohada   l. _____ plata

Otras palabras: _____   _____   _____

Paso 2. Ahora escribe una oración con cada una de las palabras seleccionadas, para ilustrar tus ideas sobre la relación entre una madre y su hijo o hija.

MODELO: amar → Las madres aman generalmente a sus hijos.

B. ¿Quién manda aquí, los padres o los hijos?

Paso 1. Hay órdenes directas e indirectas. En muchos casos se usa una simple declaración —por ejemplo, "necesito mis llaves"— para dar una orden indirecta. También es común utilizar los mandatos formales o informales para dar una orden más directa; por ejemplo, "¡Busca mis llaves!", "¡No me interrumpas!" o "¡Venga conmigo!". Indica cuáles de las siguientes oraciones son órdenes directas.

1. _____ Quiero agua.   5. _____ Duérmete.

2. _____ Dame la mano para cruzar la calle.   6. _____ Tengo hambre.

3. _____ Mírame.   7. _____ ¡Cómpramelo!

4. _____ ¡Corre! ¡Tira la pelota!

Paso 2. ¿Cuáles de las órdenes mencionadas en el Paso 1 son más características de los niños que de los adultos? ¿Cuáles son típicas de los padres? ¿Hay muchas diferencias? ¿Hay coincidencias?

C. ¿Es así?

Paso 1. Elimina la característica que no corresponda con cada uno de los siguientes objetos.

MODELO: un árbol: verde   grande   de Navidad   ~~simpático~~

1. un reloj:	de oro	caro	elegante	inteligente
2. una cuchara:	para café	de plata	de papel	pequeña
3. una almohada:	cómoda	de madera	blanca	suave
4. una silla:	sencilla	tonta	portátil (*portable*)	moderna

Paso 2. Con un compañero / una compañera de clase, prepara una lista de objetos o personas que puedan describirse con las características eliminadas en el Paso 1.

MODELO: simpático: mi hermano, el profesor de literatura y mi primo Juan.

D. ¿Piden lo posible o lo imposible?

Paso 1. A casi todos los niños les gusta pedir cosas: regalos, favores, excepciones, etcétera. Algunos niños piden cosas prácticas; otros piden lo imposible. En tu opinión, ¿cuáles de las siguientes peticiones son razonables (R) y cuáles son imposibles (I)?

1. _____ Quiero comer.

2. _____ Busca mi juguete, por favor.

3. _____ Quiero un coche.

4. _____ Quiero un hermano.

5. _____ Voy a comprar el sol.

6. _____ ¿Puedo ir en bicicleta a la luna?

7. _____ Necesito un lápiz de plata.

8. _____ Dame agua.

9. _____ Cómprame un carro que vuele.

Paso 2. Hay muchas maneras de aceptar una petición razonable; por ejemplo:

¡Claro!	¡Cómo no!	Por supuesto.
¿Por qué no?	Naturalmente.	Sí, en un momento.

También hay varias maneras de decir que no cuando un niño pide lo imposible; por ejemplo:

¡Ni hablar!	Me parece que no.	Ahora no; quizá más tarde.
Eso no.	¡No puede ser!	De ninguna manera.

¿Cuáles son las reacciones más probables de una madre o de un padre ante las peticiones del Paso 1? Con un compañero / una compañera, usa las oraciones del Paso 1 y las expresiones del Paso 2 para improvisar diálogos —breves, pero coherentes— entre un niño o una niña y su madre o padre.

E. Predicciones

Paso 1. ¿Qué futuro le espera a un niño o una niña que acaba de nacer esta semana? Completa las siguientes oraciones. Indica a qué edad le ocurrirán estas cosas por primera vez al recién nacido / a la recién nacida (*newborn*). Después compara tus respuestas con las de tus compañeros.

MODELO: Caminará... → a los trece meses.

1. Irá a la escuela por primera vez...
2. Jugará con otros niños en el parque...
3. Perderá su primer diente...
4. Le saldrán los dientes permanentes...

Paso 2. Ahora completa las siguientes oraciones, también con predicciones sobre el futuro del recién nacido / de la recién nacida.

1. A los cinco años...
2. A los diez años...
3. A los quince años...
4. A los dieciocho años...

F. El título

Paso 1. El siguiente poema de García Lorca se llama "Canción tonta". ¿Conoces otras "canciones tontas"? ¿Cómo se llaman? ¿Qué dicen? ¿Te gustan?

Paso 2. ¿Qué esperas encontrar en este poema?

a. _____ una canción de amor

b. _____ un cuento absurdo

c. _____ una conversación entre una señora y su niño

d. _____ la historia de una persona con poca inteligencia

e. _____ otro tipo (*kind*) de historia

Canción tonta

Mamá.
Yo quiero ser de plata.

Hijo,
tendrás mucho frío.

Mamá.
Yo quiero ser de agua.

Hijo,
tendrás mucho frío.

Mamá.
Bórdame en tu almohada.

¡Eso sí!
¡Ahora mismo!

LEYENDO EL TEXTO

A. El diálogo y la repetición. Este poema es un diálogo, pero sin los signos de puntuación que normalmente indican un cambio de persona. Lee el poema otra vez y contesta las siguientes preguntas.

1. ¿Cuántas personas hablan? ¿Quiénes son?
2. ¿Cuántos intercambios hay entre estas dos personas?
3. ¿Qué frases repite cada persona? ¿Cuántas veces?

B. La rima. Subraya las palabras que riman en el poema. ¿Piensas que estas son las palabras más importantes en el poema? ¿Hay otras palabras importantes en el diálogo? ¿Crees que los verbos son también importantes? ¿Por qué?

 rima *f.* correspondencia de sonidos (*sounds*) entre dos o más palabras*

C. ¡Es absurdo! Con un compañero / una compañera de clase, comenta si las peticiones del niño en el poema son absurdas o razonables. ¿Tienen estas peticiones un significado poético o son literales?

A PARTIR DE LA LECTURA

A. La imagen del niño. ¿Cómo te imaginas que es el niño del poema? Contesta las siguientes preguntas para expresar tus ideas. Después compara tus ideas con las de tus compañeros y compañeras de clase.

 personaje *m., f.* cada persona que forma parte de un cuento, novela, obra de teatro o poema

1. ¿Cuántos años tiene?
2. ¿Cómo es físicamente?
3. ¿Cómo es su personalidad?
4. ¿Qué hace en su tiempo libre, probablemente?

B. El niño en el poema. ¿Crees que al final del poema el niño quedó satisfecho (*satisfied*) o crees que quedó frustrado? Justifica tus opiniones y discútelas con tus compañeros/as.

C. La madre en el poema. ¿Es moderna la madre del niño o es una madre tradicional? Enumera algunas diferencias entre una madre tradicional y una madre moderna. Después indica las características que encuentras en la madre de "Canción tonta".

---

*This and other literary terms presented in this book will be useful to you when discussing the readings with your classmates. Most terms will not be mentioned in the readings or even the accompanying activities. We include them to help you develop your literary-discussion skills. Some terms will appear more than once throughout the book. Definitions in English are included in the Appendix at the end of the book.

D. El título. En tu opinión, es "Canción tonta" un buen título para este poema? ¿Puedes sugerir otro título?

INTERACCIONES

A. Recitación. Con un compañero / una compañera, recita el poema a manera de diálogo ante la clase. Decidan quién va a hacer el papel de la madre y quién va a hacer el papel del hijo. Cuando practiquen, atiendan particularmente a la pronunciación y la entonación.

B. Preguntas. Para entender mejor la personalidad de la madre y la del hijo, escribe cinco preguntas para cada uno.

MODELOS: a la madre → ¿Cuántos hijos tiene usted?
al hijo → ¿Cuántos años tienes?

C. Un anuncio de televisión. Con un compañero / una compañera elabora un anuncio de televisión para promover un producto o una idea. Sigue el formato del poema (un diálogo entre una madre y su hijo).

A ESCRIBIR

A. Querida mamá. Imagínate que eres el niño del poema. Escríbele una carta breve a tu mamá para el Día de las Madres. Naturalmente, vas a darle las gracias por todas las cosas que hace por ti —recuerda mencionarlas— y vas a decirle por qué es la mejor madre del mundo.

B. Regalos de cumpleaños. Imagínate que hoy es el cumpleaños del niño del poema. ¿Qué regalos crees que quiere recibir? Escribe una lista con cinco sugerencias. Después compara tu lista con las de tus compañeros y escojan los cinco regalos más apropiados para el niño.

C. La carta del niño. Imagínate ahora que eres el niño y que los regalos de cumpleaños fueron para ti. Escribe una carta para dar las gracias. Menciona todos los regalos, por qué te gustaron tanto y qué vas a hacer con ellos.

Un artista

Sobre el autor

Multifaceted **ALEJANDRO JODOROW-SKY,** born in 1929 of Russian-Jewish parents, left his native Chile for Paris in 1953, taking with him his puppet theater. He joined the Marcel Marceau mime troupe as writer and performer, and he later founded the Theater of Panic with Fernando Arrabal (Spanish and French) and Roland Topor (French and Polish). Since then, as writer, director, composer, and actor, his output has encompassed the cinema and an eclectic body of writing. His films include *El topo* (1971), *The Magic Mountain* (1973), and *The Rainbow Thief* (1993). Among his literary works are collections of short prose pieces such as *Juegos pánicos* (1963), *Sombras al mediodía* (1995), and the novels *El loro de siete lenguas* (1991), *Las ansias carnívoras de la nada* (1991), *Donde mejor canta un pájaro* (1992), and *Albina y los hombres-perro; novela fantástica* (1999). "Un artista" (from *Sombras al mediodía*) reflects Jodorowsky's overriding belief in the artist's role as a communicator whose mission is to find channels of expression no matter what conditions prevail. The vignettes in this collection use humor and absurdity to point out aspects of human nature that are sometimes hidden or disguised.

ANTES DE EMPEZAR

Palabras y expresiones

convertirse (en)	to turn into, become
arrancar	to pull out
el pincel	fine brush
dibujar	to draw
matar	to kill
la piel	skin
el tambor	drum
el hueso	bone
la flauta	flute
las tripas	intestines
la cuerda	string

A. ¿Qué necesitan? ¿Qué cosas necesita cada uno de los siguientes artistas para trabajar? Elimina de cada lista la palabra que, en tu opinión, no tenga relación con el artista.

1. pianista:	piano	sofá	silla	manos
2. bailarín:	pies	música	ritmo	carro
3. cantante:	voz	melodía	plantas	público
4. pintor:	colores	dedos	papel	cuchara

B. Algunas profesiones

Paso 1. ¿Con qué palabras asocias las siguientes profesiones?

1. ____ el dentista	a. los huesos (*bones*), los dinosaurios, la
2. ____ la pianista	evolución
3. ____ la bailarina	b. la boca, la ópera, la lengua
4. ____ el antropólogo	c. las manos, la música, las teclas (*keys*)
5. ____ la masajista	d. los dientes, la boca, la higiene
(*masseuse*)	e. la piel (*skin*), el masaje, la relajación
6. ____ el cantante	f. la música, las cuerdas, el arco (*bow*)
7. ____ el pintor	g. los pies, las piernas, el ritmo
8. ____ la violinista	h. el cuadro, el pincel, el paisaje (*landscape*)

Paso 2. ¿Qué otras palabras asocias con las profesiones del Paso 1? Piensa en una palabra adicional para cada profesión.

C. ¿Femenino, masculino o ambos (*both*)?

Paso 1. Indica si los siguientes sustantivos son masculinos o femeninos. Al lado de cada palabra escribe *una* si el sustantivo es femenino, *un* si el sustantivo es masculino y *un/una* si el sustantivo puede usarse tanto para hombre como para mujer.

a. _____ estudiante   e. _____ bailarina   i. _____ cantante

b. _____ doctora   f. _____ secretario   j. _____ poeta

c. _____ dentista   g. _____ artista   k. _____ escritor

d. _____ atleta   h. _____ profesora   l. _____ periodista

Paso 2. Menciona dos (o más) actividades características de cada una de las profesiones mencionadas en el Paso 1.

D. ¿Quién lo hace, y a quién?

En español no siempre es necesario mencionar el sujeto en una oración. También hay veces en que el objeto de la acción se menciona antes del verbo. En las siguientes oraciones, ¿cuál es el sujeto (quién comete la acción) y cuál es el objeto (quién o qué recibe la acción)? ¡OJO! En algunos casos hay más de una respuesta posible. Escoje por lo menos una.

	Sujeto	*Objeto*
1. Ellos me miran.	_____	_____
2. Les doy dinero.	_____	_____
3. Te quiere mucho.	_____	_____
4. Le canta al bebé.	_____	_____
5. ¿El café? Lo tomamos.	_____	_____

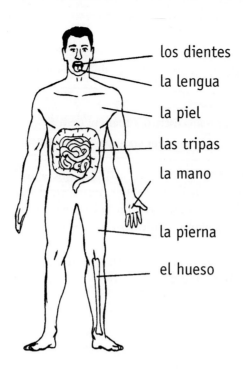

los dientes
la lengua
la piel
las tripas
la mano
la pierna
el hueso

🗄 Un artista

—Si eres un gran pianista y te cortan las manos, ¿qué haces?
—Me convierto en un bailarín.
—¿Y si te cortan las piernas?
—Me dedico a cantar ópera.
—¿Y si te arrancan la lengua?
—Tomo entre los dientes un pincel y dibujo.
—¿Y si te matan?
—Con mi piel hacen un tambor; con mis huesos, flautas y con mis tripas, cuerdas de violín.

tema *m.* asunto central en un cuento, diálogo, drama, poema o novela	

LEYENDO EL TEXTO

A. Sobre la lectura. Contesta las siguientes preguntas acerca del texto de Jodorowsky.

1. "Un artista" es un texto escrito a manera de diálogo: Una persona hace las preguntas y la otra persona las contesta. ¿Cuál de las dos personas es el artista?
2. ¿Cuáles son las cuatro profesiones artísticas que se mencionan en el texto?
3. ¿Qué instrumentos musicales se mencionan en el texto?
4. Según (*According to*) el artista, ¿con qué partes de su cuerpo pueden construirse instrumentos musicales?

B. Lo absurdo. Hay varias cosas en este texto que son aparentemente absurdas. Subraya tres cosas en esta lectura que te parezcan absurdas.

C. El artista y sus talentos. En el texto de Jodorowsky, el artista responde a los obstáculos que puede encontrar durante su proceso creativo. Según la lectura, ¿cuáles de las siguientes acciones son obstáculos (O) y cuáles son soluciones (S) para el artista?

a. _____ no puede tocar piano

b. _____ pierde las manos

c. _____ baila

d. _____ no tiene piernas

e. _____ canta ópera

f. _____ no puede hablar

g. _____ pinta y dibuja

h. _____ muere

i. _____ se transforma en instrumentos musicales

D. Sufrimientos y maravillas. Jodorowsky presenta en "Un artista" imágenes de sufrimiento y horror, pero también un mundo de maravillas (*wonders*), posibilidades y sorpresas. Completa las siguientes listas indicando las imágenes de sufrimiento y las imágenes maravillosas que encuentras en el texto.

	Sufrimientos	Maravillas
1.	_____	_____
2.	_____	_____
3.	_____	_____
4.	_____	_____

A PARTIR DE LA LECTURA

A. Las actitudes. En tu opinión, ¿tiene el artista del diálogo una actitud positiva o una actitud negativa hacia la vida? ¿Y tú? ¿Eres optimista o pesimista? ¿Cómo lo demuestras en tu conducta?

B. Los artistas. En tu opinión, ¿cómo son los artistas? ¿Piensas que tienen características o personalidades especiales? ¿Tiene cada tipo de artista (por ejemplo, un cantante, un actor, una escritora, una directora de cine) una personalidad característica de su profesión? Justifica tus respuestas con ejemplos.

C. ¿Te gustaría ser artista? ¿Qué tipo de artista te gustaría ser? ¿Qué tipo de artista *no* te gustaría ser?

D. El lenguaje figurado. Alejandro Jodorowsky es de Chile, país que vivió bajo un gobierno militar represivo durante las décadas de 1970 y 1980. Las imágenes de violencia y mutilación en "Un artista" probablemente simbolizan aspectos de la situación política del país en esos años.

En tu opinión, ¿qué tipo de libertades —o pérdida (*loss*) de libertades— están representadas en las siguientes imágenes?

---

lenguaje figurado *m.* palabras e imágenes que se utilizan para describir, representar o denotar algo similar

---

1. A una persona le cortan las manos.
2. A una persona le cortan las piernas.
3. A una persona le arrancan la lengua.
4. Matan a una persona.

INTERACCIONES

A. En escena. Representa el diálogo con un compañero / una compañera delante de la clase. Antes de empezar, piensen en un contexto: ¿Dónde están? ¿Qué están haciendo? ¿Cómo se sienten? Si quieren, pueden inventar más líneas para el diálogo. No se olviden de atender a la pronunciación.

B. El artista interroga

Paso 1. Imagínate que ahora es el artista quien le hace las preguntas a la otra voz en el texto. Adopta la perspectiva del artista y prepara cinco preguntas para el otro personaje.

Paso 2. Ahora improvisa nuevos diálogos con tus compañeros/as, basándose en las preguntas que escribieron para el Paso 1.

C. Optimistas y pesimistas famosos.
Sin mencionar el nombre, describe en cinco frases a un personaje optimista o a un personaje pesimista que sea famoso; por ejemplo, Gandhi o Woody Allen, respectivamente. Después, lee el texto ante la clase para que tus compañeros/as adivinen quién es.

A ESCRIBIR

A. El artista y su producción.
Imagínate que algún tiempo después de este diálogo el artista produce varias otras obras creativas; por ejemplo, un ballet, una ópera, un cuadro y una película. Tú eres un(a) periodista y quieres escribir un artículo muy breve sobre *una* de estas obras (la que tú prefieras).

Paso 1. Menciona en el primer párrafo el título de la obra artística, qué tipo de obra es (por ejemplo, una película, una ópera, una obra de teatro), el nombre del artista y su nacionalidad. Puedes hablar un poco sobre la carrera artística del autor.

Paso 2. Escribe en el segundo párrafo un resumen de 40 palabras acerca de la obra, describiéndola y explicando por qué te gusta o no te gusta esta obra específica del autor.

Paso 3. Finalmente, menciona en el último párrafo dónde y cuándo puede ver el público esta obra, y cuánto cuesta la entrada.

B. Una recomendación para el artista.
Imagínate que este artista está buscando trabajo. Como tú conoces su obra, puedes recomendarlo. Escribe una breve recomendación, incluyendo los siguientes datos.

- cómo y por qué conoces su obra
- su biografía
- su personalidad
- el título de alguna de sus obras
- por qué crees que deben darle trabajo

Ya ves qué tontería

Sobre la autora

Born to a humble, working-class family in Madrid in 1918, **GLORIA FUERTES** was trained in the skills customary for women at the time—child rearing, sewing, cooking. Early on she had to take lowly jobs to add to the family income, thereby sacrificing the time she would have preferred to spend reading and writing. The death of her mother and the onset of the Spanish Civil War (1936–1939) during her adolescence had a powerful impact on the young woman and set her on the path of her true vocation. In 1939 she published her first story, a piece for children, and she began working for a publishing house. In addition to writing, Fuertes earned her living over the years as a librarian, teacher, and in television, and she won many literary prizes for her poetry. Her work, which includes *Todo asusta* (1958), *Que estás en la tierra* (1962), *Poeta de guardia* (1968), *Cuando amas aprendes geografía* (1973), and *Sola en la sala* (1973), stresses themes of daily life and conveys the down-to-earth, colloquial tone of the streets of her childhood. Gloria Fuertes died of cancer in late 1998.

ANTES DE EMPEZAR

Palabras y expresiones	
ya ves	so you see
la tontería	foolish thing
llenar	to fill up
contar	to tell
me creo	I feel, I really think
da buena suerte	it brings (me) luck
voy por...	I walk around
llevo encima	I am wearing
no... nada más	nothing but

A. La poesía. A algunas personas les gusta leer poesía; a otras les aburre. Considera las siguientes preguntas y discute tus ideas con el resto de la clase.

1. ¿Por qué a algunas personas les gusta la poesía? ¿A quién conoces que le guste la poesía? ¿Cómo es esa persona?
2. ¿Por qué a otras personas no les gusta la poesía? ¿A quién conoces que no le guste la poesía? ¿Cómo es esa persona?
3. ¿Lees poesía? ¿Qué tipo de poesía te gusta? ¿Cuándo lees poesía?
4. ¿Qué temas asocias con la poesía?

B. Una mirada a las palabras. Haz una lectura superficial (no interpretativa) del poema "Ya ves qué tontería" y considera las siguientes preguntas.

1. ¿Qué palabras no conoces?
2. ¿Qué palabras se repiten?
3. ¿Qué palabras o expresiones te parecen importantes?

C. ¡Qué... ! La palabra *qué* —con acento— no sólo se usa para formular interrogaciones; también es frecuente encontrarla en frases exclamativas.

Paso 1. Explica el significado de las siguientes expresiones.

a. ¡Qué bonitas!
b. ¡Qué tontería!
c. ¡Qué casa!
d. ¡Qué grande!

Paso 2. Ahora aplica las expresiones del Paso 1 a las siguientes personas, cosas o situaciones.

1. _____ una mansión espectacular

2. _____ rosas rojas

3. _____ un bebé de doce libras (*pounds*)

4. _____ una persona que quiere volar como pájaro

D. El título. El título nos puede decir algunas cosas acerca del texto aun antes de haberlo leído (*having read it*).

Paso 1. Lee el título del siguiente poema y contesta las preguntas.

1. En tu opinión, ¿cuál es la palabra más importante?
2. ¿Cuál es el sujeto?
3. ¿Es el título una pregunta? ¿Es una exclamación?

Paso 2. Después de repasar las respuestas a todas las preguntas del Paso 1, ¿cuál de los siguientes asuntos puede ser, en tu opinión, el tema del poema?

_____ una persona tonta   _____ la guerra   _____ el nombre

_____ el amor   _____ los niños   _____ ¿otro?

❀ ❀ ❀ ❀ ❀

 # Ya ves qué tontería

> Ya ves qué tontería,
> me gusta escribir tu nombre,
> llenar papeles con tu nombre,
> llenar el aire con tu nombre;
> decir a los niños tu nombre,
> escribir a mi padre muerto
> y contarle que te llamas así.
> Me creo que siempre que lo digo me oyes.
> Me creo que da buena suerte:
> > Voy por las calles tan contenta
> y no llevo encima nada más que tu nombre.

❀ ❀ ❀ ❀ ❀

---

metáfora *f.* recurso literario (*figure of speech*) por el que se transporta el sentido (*meaning*) de una palabra a otra

LEYENDO EL TEXTO

A. ¿Qué hace la voz poética?

> 📖 **voz poética** *f.* voz de la persona que habla en el poema

Paso 1. ¿En qué orden ocurren las siguientes actividades en el poema? Indica el orden con números, del 1 al 6.

a. _____ le escribe a su padre para decirle el nombre de una persona

b. _____ escribe el nombre de una persona

c. _____ les dice a los niños el nombre de una persona

d. _____ le dice el nombre de una persona al viento

e. _____ camina sola por la ciudad repitiendo un nombre

f. _____ escribe un nombre en muchas hojas de papel

Paso 2. Vuelve a leer la lista de actividades del Paso 1. ¿Hay alguna actividad que te parezca una tontería? ¿Por qué?

B. La perspectiva. Lee el poema otra vez antes de contestar las siguientes preguntas.

1. ¿De quién es la voz poética? ¿Quién habla? ¿Piensas que es un hombre o una mujer? ¿Por qué?
2. ¿Para quién es el poema? ¿A quién se dirige (*addresses*) la voz poética?

C. La comunicación. Este poema hace referencia a dos maneras principales de comunicarse: oralmente y por escrito.

Paso 1. Completa las siguientes listas indicando los versos que hacen referencia a la comunicación escrita y los versos que hacen referencia a la comunicación oral, según corresponda.

Comunicación escrita	*Comunicación oral*
_____	_____
_____	_____
_____	_____
_____	_____

Paso 2. ¿Existe una verdadera comunicación en este poema? Vuelve a considerar ambas listas del Paso 1. Si encuentras ejemplos de comunicación recíproca, márcalos con una X.

D. El último verso. El último verso no es literal, sino figurado. En tu opinión, ¿cuál de las siguientes opciones comunica mejor el significado del verso?

> **verso** *m.* cada una de las líneas de un poema

a. _____ La voz poética está desnuda.

b. _____ Sólo le importa el nombre de la otra persona.

c. _____ La voz poética nunca carga (*carries*) nada.

E. Un retrato de la voz poética. La poesía puede expresar muchas cosas en pocas palabras. No tenemos una descripción de la voz poética, pero no es difícil conocerla como persona.

Paso 1. Marca con una X las frases que, en tu opinión, describen la personalidad y las circunstancias de la voz poética.

a. _____ Es sincera.

b. _____ No tiene mucho dinero.

c. _____ Su conducta es tonta e infantil.

d. _____ Desea comunicarse.

e. _____ Está sola.

f. _____ Está enamorada.

g. _____ Es supersticiosa.

Paso 2. Ahora señala en el poema los versos que apoyan tus opiniones expresadas en el Paso 1.

A PARTIR DE LA LECTURA

A. ¿Una tontería?

Paso 1. La voz poética dice en el título que sus acciones son una tontería. ¿Estás de acuerdo? Explica brevemente tu opinión.

Paso 2. Bajo circunstancias similares, ¿cometes (*do you do*) tonterías? ¿En qué otras situaciones cometes tonterías? Explica brevemente tu respuesta.

B. La relación. La voz poética dirige su poema a otra persona, a un *tú*. ¿Cómo te imaginas que es la relación entre ellos? ¿Están los dos de acuerdo en sus sentimientos? Para formular tu opinión, considera las siguientes preguntas.

1. ¿Crees que estas dos personas se conocen?
2. ¿Crees que la otra persona conoce los sentimientos de la voz poética? ¿Se trata de (*Is it*) un sentimiento recíproco?
3. ¿Crees que la otra persona escucha a la voz poética? ¿La puede escuchar?
4. ¿Crees que tienen una relación sólida, o se trata de una relación nueva? ¿Es posible que no tengan una relación en lo absoluto (*at all*)?

C. La repetición. En este poema hay bastantes repeticiones. ¿Cuál es la función y el efecto de estas repeticiones?

D. El tono

Paso 1. ¿Cómo es el tono de este poema? ¿Es optimista, idealista, alegre, romántico? ¿O es más bien pesimista, nostálgico, irónico? Justifica tus respuestas. ¿Crees que este tono es característico en poemas que tratan este tema?

Paso 2. Recita el poema con el tono que en tu opinión sea el más apropiado.

E. Y a continuación... Con un compañero / una compañera de clase, discute y contesta las siguientes preguntas. ¿Cómo creen ustedes que continúe esta historia de amor? ¿Qué va a pasar a continuación? Presenten su punto de vista al resto de la clase.

INTERACCIONES

A. Juego de roles

Paso 1. Para entender mejor la relación entre las dos personas del poema, escribe diez preguntas para la voz poética. Pregunta los siguientes datos y pide información adicional con más preguntas. Tus compañeros/as van a contestarlas en el Paso 2.

1. la edad de la voz poética
2. el nombre de la otra persona

3. la edad de la otra persona
4. una descripción física de la otra persona
5. cómo se conocieron

Paso 2. Ahora haz el papel de la voz poética y contesta las preguntas de tus compañeros/as.

B. El destinatario (*addressee*) del poema

Paso 1. Tampoco se sabe mucho acerca de la otra persona. Prepara una lista de diez preguntas para la persona a quien está dirigido el poema. Pregunta los siguientes datos y pide información adicional con más preguntas. Tus compañeros/as van a contestarlas en el Paso 2.

1. su nombre
2. su estado civil (*marital status*)
3. su trabajo (empleo)
4. su edad
5. si tiene una relación estable con la persona del poema

Paso 2. Ahora haz el papel del destinatario y contesta las preguntas de tus compañeros/as.

C. Mis tonterías. ¿Qué tonterías cometes tú? Describe ante la clase una tontería que cometes típicamente, para que tus compañeros/as adivinen bajo qué circunstancias reaccionas de esa manera. Las siguientes son algunas circunstancias típicas.

- cuando tienes un examen
- cuando estás enamorado/a
- cuando estás enojado/a
- cuando tienes sueño
- cuando hace frío

D. El nombre. Los nombres son muy importantes porque identifican a la persona. Intercambia las siguientes ideas con un compañero / una compañera. Después compartan sus respuestas con toda la clase.

1. ¿Te gusta tu nombre? ¿Qué significa?
2. ¿Qué otros nombres te gustan? ¿Por qué? ¿Qué representan para ti?
3. ¿Qué nombres no te gustan? ¿Por qué? ¿Qué representan para ti?
4. ¿Has sentido alguna vez atracción hacia alguien por causa de su nombre? ¿Has rechazado alguna vez a alguien por causa de su nombre? Explica tus respuestas.

A ESCRIBIR

A. El diario. ¿Cómo te imaginas que es la vida diaria de la persona del poema? Toma la voz poética y escribe los pensamientos que ella anotaría en su diario durante cinco días consecutivos.

B. La carta al padre. ¿Cómo te imaginas la carta que la voz poética le escribe al padre muerto? Escribe la carta desde el punto de vista de la voz poética.

C. El destinatario responde. Imagínate que eres el destinatario de "Ya ves qué tontería" y que acabas de leer el poema. Escribe una respuesta con tus impresiones. Puedes usar las siguientes preguntas como modelo.

1. ¿Cómo te hace sentir el poema?
2. ¿Cuáles son tus sentimientos hacia la autora del poema?
3. ¿Te parece romántico el poema, o una verdadera tontería?

D. Una nota para la poeta. Imagínate que acabas de oír a la poeta recitar este poema (entre otros) en un recital poético. Escríbele una nota breve con tus comentarios sobre el poema y el recital.

Gaita galaica

Sobre el autor

RUBÉN DARÍO is regarded as the initiator of *el modernismo,* the late nineteenth-century literary movement in Latin America that changed the course of lyric poetry in the entire Hispanic world. He was born Félix Rubén García Sarmiento in 1867 in Metapa, Nicaragua. Precocious and prolific, the young Rubén was nurtured and celebrated by his country as *el niño poeta* before he set off on a life of writing, romance, travel, and diplomacy throughout Europe and the Americas. Greatly influenced by French symbolist poets, Darío's innovative modernist aesthetic was a synthesis of European, Spanish, and Latin American elements. His first major work, *Azul...,* was published in 1886 during his time in Chile, while his second anthology, *Prosas profanas* (1896), corresponds to his Argentine period. Set in exotic, ideal worlds of enchantment, the poems and short stories in these collections run decidedly counter to the realistic trends of the period. Technical experimentation characterizes these works as well as *Cantos de vida y esperanza* (1905). In his later work, however, Darío ponders more contemplative themes such as time's passing, human destiny, and the social and political concerns of the day. "Gaita galaica," from the anthology *Poema del otoño y otros poemas* (1910), belongs to this mature period. Having spent most of his later years in Europe and New York, Rubén Darío died in 1916 in his native Nicaragua.

Palabras y expresiones

galaico/a	from Galicia, a region in northern Spain
nos es	**es para nosostros**
el amargor	bitterness
haremos danzar	we will have dancing / we will make dance
al fino verso de rítmicos pies	(to) the beat of rhythmic feet
el Eclesiastés	Ecclesiastes, book from the Old Testament
rasgar	to tear up, tear apart
coser	to sew, stitch together
esparcir	to spread, scatter
recoger	to gather, pick up

A. Gustos musicales. No todo el mundo es igual, ni a todos les gusta la misma música. Considera las siguientes preguntas y discute tus ideas con el resto de la clase.

1. ¿Te gusta escuchar música? Si te gusta, ¿qué tipo de música escuchas? Si no te gusta, explica por qué.
2. ¿Qué tipo de música es popular entre la gente de tu edad? ¿Qué emociones produce esa música? ¿Produce alegría? ¿tristeza? ¿tranquilidad? ¿amor? ¿agresión?
3. ¿Cuándo prefieres escuchar música generalmente, cuando estás contento/a o cuando estás triste? ¿para descansar o para trabajar? ¿cuando estás solo/a o con gente?

B. Mi instrumento favorito. ¿Tienes un instrumento musical favorito? Considera las siguientes preguntas para hablar de ese instrumento con el resto de la clase.

1. ¿Cómo se llama el instrumento?
2. ¿Cómo es? ¿De qué material es? ¿De qué tamaño es? ¿Es portátil?
3. ¿Sabes tocar este instrumento? ¿Cuánto tiempo hace que lo tocas?
4. Habla de tus experiencias con este instrumento. ¿Tiene algún significado especial para ti? ¿Representa a una persona o un momento especial en tu vida?

C. Los instrumentos alrededor del mundo. Hay una gran variedad de instrumentos en el mundo. ¿Cuáles son algunos de esos instrumentos? ¿En qué país(es) se tocan? ¿Qué efecto tienen sus sonidos en el público?

Paso 1. Para conversar sobre este tema, trabaja con un compañero / una compañera y completa el siguiente cuadro.

Instrumento	*País (y/o tipo de música)*	*El efecto del sonido*
el saxofón	EE.UU. (jazz)	es estridente (*shrill*); llama la atención
la guitarra	_____	_____
el acordeón	_____	_____
el violín	_____	_____
la batería (*drums*)	_____	_____
otro: _____	_____	_____

Paso 2. ¿Conoces el instrumento del título del poema (la gaita [*bagpipes*])? ¿Qué impresión tienes de los sonidos que produce? ¿Qué país asocias con ese instrumento?

D. Sinónimos y antónimos. Algunos de los siguientes verbos aparecen en el poema.

amar	coger	encontrar	morir	perder	recoger
bailar	cultivar	ganar	nacer	plantar	reír
cantar	danzar	llorar	odiar	querer	sembrar

Paso 1. Repasa los verbos de la lista anterior. Si no conoces todos los verbos, consulta un diccionario y anota la definición de las palabras que no conozcas.

> **sinónimo** *m.* palabra que tiene el mismo significado que otra palabra

Paso 2. Anota dos pares de verbos (tomados de la lista) que sean sinónimos. Después comparte tus respuestas con el resto de la clase.

1. _____   _____
2. _____   _____

> **antónimo** *m.* palabra que tiene un significado opuesto (*opposite*) al de otra palabra

Paso 3. Anota tres pares de verbos (tomados de la lista) que sean antónimos. Después comparte tus respuestas con el resto de la clase.

1. _____   _____
2. _____   _____
3. _____   _____

☀ ☀ ☀ ☀ ☀

Gaita galaica

Gaita galaica, sabes cantar
lo que profundo y dulce nos es.
Dices de amor, y dices después
de un amargor como el de la mar.

Canta. Es el tiempo. Haremos danzar
al fino verso de rítmicos pies.
Ya nos lo dijo el Eclesiastés:
tiempo hay de todo; hay tiempo de amar,

tiempo de ganar, tiempo de perder,
tiempo de plantar, tiempo de coger,
tiempo de llorar, tiempo de reír,

tiempo de rasgar, tiempo de coser,
tiempo de esparcir y de recoger,
tiempo de nacer, tiempo de morir.

☀ ☀ ☀ ☀ ☀

> **sinalefa** *f.* unión fonética entre dos vocales de distintas palabras; por ejemplo,
> " ...de un amargor... ", "Canta. Es... ", " ...nos lo dijo el... "

LEYENDO EL TEXTO

A. Una mirada panorámica. Repasa el poema rápidamente y subraya las tres palabras, expresiones o frases que te parezcan más importantes. Después comparte tu lista con el resto de la clase.

> **estrofa** *f.* división que regula un poema; cada párrafo en un poema

B. Los verbos, sujetos y objetos. Los siguientes verbos están tomados de las primeras dos estrofas del poema. Completa la lista con el sujeto que corresponda a cada verbo. Si hay también un objeto, inclúyelo en la lista. Si el verbo no tiene un objeto, escribe s/o (sin objeto) en la línea correspondiente.

	Sujeto	*Objeto*
1. sabes cantar	_____	*lo que profundo y dulce nos es*
2. dices (de amor)	_____	_____
3. dices (después)	_____	_____
4. Canta	*tú (la gaita)*	_____
5. Haremos danzar	_____	_____
6. dijo (el Eclesiastés)	_____	_____

C. ¿Qué hace la gaita? Según la voz poética, ¿qué cosas hace la gaita? Marca las respuestas correctas con una X.

a. _____ Canta de sentimientos profundos.

b. _____ Habla del amor.

c. _____ Habla del dolor después de que pasa el amor.

d. _____ Canta como el mar.

e. _____ Hace a otros bailar.

f. _____ Canta los versos del Eclesiastés.

D. Tiempo de... El poema sugiere que en la vida hay un tiempo para todo.

Paso 1. Escribe una lista de aspectos alegres y positivos de la vida.

1. _____
2. _____
3. _____

Paso 2. Escribe una lista de aspectos tristes o negativos de la vida.

1. _____
2. _____
3. _____

Paso 3. Escribe una lista de aspectos "neutros" (que no sean ni positivos ni negativos) de la vida.

1. _____
2. _____
3. _____

Paso 4. ¿Qué lista pudiste escribir más rápido? ¿Qué lista te costó más trabajo elaborar? En tu opinión, ¿hay un balance entre los aspectos positivos y los aspectos negativos de la vida? ¿Crees que tus listas son objectivas?

A PARTIR DE LA LECTURA

A. La personificación. La voz poética le habla directamente a la gaita, como a una persona. ¿Por qué piensas que hace eso? ¿Qué efecto tiene en ti? ¿Crees que si la voz poética hablara (*spoke*) de la gaita en tercera persona el poema sería muy distinto? Justifica tus respuestas.

B. El soneto. Este poema es un soneto. Para identificar las características de un soneto, contesta las siguientes preguntas.

1. ¿Cuántas sílabas hay en cada verso?
2. ¿Cuántas estrofas hay? ¿Tienen todas las estrofas el mismo número de versos?

3. ¿Qué versos riman? En esos versos, ¿cuáles son las palabras que riman (cantar–mar, es–después, etcétera)?
4. ¿Notas alguna diferencia de tema, actitud o estilo entre las dos primeras estrofas y las dos últimas?

C. La repetición. ¿Qué efecto te produce la repetición en este poema? ¿Te molesta o te ayuda a comprender el mensaje del poeta? ¿Por qué crees que el poeta repite la palabra *tiempo* tantas veces? ¿Crees que es un recurso (*resource*) poético efectivo?

D. El tono. En tu opinión, ¿es "Gaita galaica" un poema alegre o un poema triste? ¿Por qué? ¿Qué otros adjetivos usarías para describir el tono de este poema? Escribe cinco o más adjetivos.

E. Recitando el poema. Lee el poema en voz alta, prestando atención a la pronunciación, pausando apropiadamente y comunicando el tono que te parezca justo. Si puedes, memoriza el poema y recítalo delante de la clase.

INTERACCIONES

A. Tiempo de vivir. El poema sugiere que en la vida hay un tiempo para todo. Trabajando en parejas o grupos pequeños, escriban una lista de actividades o experiencias que, en su opinión, puedan realizarse en las siguientes etapas de la vida.

- la infancia
- la adolescencia
- la temprana edad adulta (de los dieciocho a los treinta años, más o menos)
- la madurez (después de los treinta años)
- la vejez (*old age*)

B. Las dos caras de la moneda. Casi todo en la vida tiene un aspecto positivo y un aspecto negativo. Con un compañero / una compañera, escoge una de las siguientes situaciones y prepara dos listas: una con los aspectos positivos y otra con los aspectos negativos. Después compartan sus ideas con el resto de la clase.

- los cumpleaños
- las vacaciones
- ser rico/a

- ser guapo/a
- ser mayor de edad
- estar solo/a

A ESCRIBIR

A. Un objeto de valor. Piensa en un objeto muy importante para ti. El objeto puede ser importante por ser caro o simplemente por tener un valor sentimental; por ejemplo, una foto de familia, un instrumento raro o una joya (*jewel*) antigua. ¿Para quién será este objeto al final de tu vida? Escríbele una carta a esa persona (o institución), explicándole brevemente por qué es importante o valioso ese objeto.

B. Una oda en forma de haikú. Una oda es un poema escrito en honor a una persona o una cosa; un haikú es un poema con una estrofa de tres versos y una estructura rígida (el primer verso tiene cinco sílabas, el segundo tiene siete sílabas y el último, cinco sílabas). Con un compañero / una compañera, escribe una oda en forma de haikú para celebrar a una persona o un objeto que sea importante para ustedes.

MODELO: Literatura,
cine y fotografía:
¡amo las artes!

Amorcito Corazón

Sobre la autora

SANDRA CISNEROS is a renowned Latina writer, the author of the widely read *The House on Mango Street* (1984), an award-winning collection of loosely structured vignettes about growing up in a poor Hispanic neighborhood in Chicago. She is the only daughter among seven children—the offspring of a Mexican father and a Chicana mother. Cisneros's work explores ethnic culture and gender roles in both prose and poetry. In an interview published in the *New York Times,* Cisneros stated, "I am a woman and I am a Latina. Those are the things that make my writing distinctive. Those are the things that give my writing power. They are the things that give it *sabor* [flavor], and the things that give it *picante* [spice]." In addition to *The House on Mango Street* and *Woman Hollering Creek and Other Stories* (1991), Cisneros has published two books of poetry: *My Wicked, Wicked Ways* (1987), and *Loose Woman* (1994). Although Cisneros generally writes in English, a few of her poems are written in Spanish, among them "Amorcito Corazón," found in *Loose Woman.*

ANTES DE EMPEZAR

Palabras y expresiones	
amorcito	darling
¿Cómo les diría?	How could I tell (explain it to) them/you (*pl.*)?

A. Expresiones de cariño. Las siguientes expresiones se usan en español para comunicar amor, aprecio (*esteem*) o cortesía.

apreciado/a	estimado/a
cariño	mi amor / mi amorcito
corazón /corazoncito	querido/a

> **diminutivo** *m.* palabra que reduce una cosa en tamaño o calidad, o bien denota cierto valor afectivo; por ejemplo, "cariñito", "amorcito", "queridita"

Paso 1. Algunas de las expresiones anteriores se asocian con el empleo (*use*) del *tú* y otras con el empleo del *usted*. Algunas de esas expresiones también pueden usarse con ambos pronombres. En tu opinión, ¿cuáles de las expresiones mencionadas son preferibles para el empleo del *tú* y cuáles son preferibles para el empleo del *usted*?

Tú	*Usted*
1. _____	1. _____
2. _____	2. _____
3. _____	3. _____

Paso 2. ¿Qué expresión o expresiones crees que se usan en las siguientes situaciones?

1. entre novios
2. entre amigos en la escuela
3. entre esposo y esposa
4. entre una maestra y un estudiante
5. en una carta para alguien a quien no se conoce

B. Asociación de ideas. ¿Cuáles de las siguientes palabras asocias con un poema de amor? Márcalas con una X. Justifica tus respuestas.

a. _____ amor	g. _____ llorar	l. _____ satisfacción
b. _____ contento	h. _____ muerte	m. _____ se acabó
c. _____ depresión	i. _____ querer	n. _____ sentimiento
d. _____ desilusión	j. _____ olvidar	o. _____ verdad
e. _____ gustar	k. _____ recordar	p. _____ vida
f. _____ ideal		

C. ¿Un amor del presente o del pasado? La siguiente carta está escrita casi toda en el pretérito, uno de los tiempos que se emplean para expresar el pasado.

Querida Iris:

En mi última carta te dije[1] que conocí[2] en la clase de filosofía al gran amor de mi vida, Miguel. Pero no supiste[3] lo que pasó[4] después del primer día de clase. Una tarde en que salí[5] a tomar algo en la cafetería de la universidad, oí[6] una conversación entre dos amigas: "Aunque Miguel diga que fuimos[7] novios, nuestra relación no ha terminado". Estoy segura de que es el mismo Miguel, mi novio. ¿Que por qué lo pienso? Dos o tres días después de que Miguel me conoció,[8] me dijo: "Tú fuiste mi primer amor." Ahora, cuando lo recuerdo, me parece extraño ese comentario. Creo que Miguel tiene una filosofía muy especial acerca del amor y me alegro de haberlo sabido (*to have found out about it*) pronto. ¿Tú qué piensas?
Tu amiga,
Daniela

Paso 1. Completa la siguiente lista con los verbos señalados en la carta. Escríbelos en el infinitivo.

1. _____   5. _____
2. _____   6. _____
3. _____   7. _____
4. _____   8. _____*conocer*_____

Paso 2. Ahora contesta las siguientes preguntas.

1. ¿Por qué crees que a Daniela le parece extraño el comentario de Miguel?
2. ¿Estás de acuerdo en que Miguel tiene una filosofía extraña acerca del amor? ¿Por qué?
3. ¿En qué consiste la filosofía de Miguel, según Daniela?

D. ¿Por qué termina el amor? ¿Por qué puede terminar una relación? Enumera las siguientes causas en orden de importancia. Usa números del 1 al 7. Compara tu lista con la de tus compañeros/as.

a. _____ Las dos personas tienen distintos intereses.

b. _____ Hay un desacuerdo sobre los pasatiempos (*pastimes*).

c. _____ La familia no aprueba la relación.

d. _____ Los amigos no están de acuerdo con la relación.

e. _____ Los sentimientos cambian.

f. _____ Hay otro amor; no hay fidelidad (*faithfulness*).

g. _____ Hay problemas relacionados con el dinero.

❁ ❁ ❁ ❁ ❁

 # Amorcito Corazón

Ya no eres
mi amorcito
¿verdad?

Ya lo supe.
Ya lo sé.

Fuiste
y ya no eres.
Fuimos
y se acabó.

¿Cómo les diría?
¿Cómo se explica?

Te conocí
¿y ahora?

no.

❁ ❁ ❁ ❁ ❁

LEYENDO EL TEXTO

A. Diálogo y monólogo en el poema. No todos los poemas se dirigen a un interlocutor, pero "Amorcito Corazón" sí lo hace.

Paso 1. Escribe los verbos del poema que se dirijan a un *tú* implícito.

Paso 2. Escribe los verbos del poema que sugieran un *yo* implícito.

Paso 3. ¿Qué otros verbos se usan en el poema? ¿Cuál es el sujeto de estos verbos? ¿Quién habla en el poema?

B. El lenguaje figurado. Los poemas no siempre expresan ideas y sentimientos directamente; frecuentemente emplean un lenguaje figurado. En tu opinión, ¿qué expresan los tres últimos versos del poema? Marca tu respuesta con una X.

a. _____ Que la voz poética no sabe quién es la otra persona.

b. _____ Que la voz poética olvidó a su viejo amor.

c. _____ Que la voz poética ya no reconoce a su pareja.

d. _____ Que la voz poética conoció a otra persona.

A PARTIR DE LA LECTURA

A. La identidad de la voz poética. En tu opinión, ¿quién es la voz poética? ¿Es una mujer o un hombre? ¿Hay alguna palabra o frase en el poema que nos revele su identidad?

B. Actitudes y sentimientos. ¿Crees que la voz poética ama apasionadamente a su "amorcito"? ¿Crees que la voz poética es pragmática o crees que es idealista? Justifica tus respuestas.

C. El título. ¿Por qué crees que el poema se titula "Amorcito Corazón"? ¿Puedes recomendar otros títulos apropiados para este poema?

INTERACCIONES

A. "Amorcito" contesta. La voz poética le hace varias preguntas a su destinatario, pero no conocemos la otra versión de la historia. En parejas, representen un diálogo entre la voz poética y su "amorcito", para que la voz poética reciba respuesta a sus preguntas.

• "Ya no eres mi amorcito, ¿verdad?"
• "¿Cómo se explica?"
• "Te conocí, ¿y ahora?"

B. Causas, causas. ¿Por qué crees que terminó esta relación? ¿Cómo se explica? Con un compañero / una compañera de clase, determina las posibles causas de la ruptura (*breakup*). Pueden utilizar las causas mencionadas en las páginas 35 y 36, o sugerir nuevas causas.

C. Reacciones personales. Prepara una lista de sugerencias para una persona que quiere sobreponerse a (*overcome*) una relación amorosa. Compara tu lista con la de un compañero / una compañera. Luego compartan con el resto de la clase las sugerencias que coincidan en ambas listas.

A ESCRIBIR

A. Y ahora, la historia. Una de las características de este poema es que contiene una historia de amor. Imagínate la historia. Determina el orden de los sucesos (*happenings*) en la historia de amor y escribe un breve resumen de los hechos.

B. Consejos. Imagínate que la persona a la que está dirigido el poema acaba de leerlo. Aunque su relación amorosa ya terminó, se siente triste y deprimido/a. Escríbele una nota con cinco consejos para que se sienta mejor.

C. Ha pasado mucho tiempo... Escríbele una carta breve a un viejo amor (verdadero o ficticio). Describe cómo es tu vida desde la separación. Imagínate que tienes una nueva relación y describe cómo es la persona que ahora amas.

Romance del prisionero

Sobre este texto

Romances, derived from the ancient Spanish epic, are perhaps the single most widespread poetic form in the Hispanic world. Epics formed part of an oral tradition through storytelling, and their most salient dramatic episodes would eventually become *romances.* The distinctive characteristic of these poetic narratives is the formal scheme—eight-syllable lines in which the even-numbered lines rhyme. The oldest *romances* tell of heroic feats, but this popular verse form was soon used for both lyrical and informative themes. Local minstrels would sing of love as well as of the events of the day as they roamed from one village to another. Their songs remained in popular memory and were repeated with variations; thus, since they were the product not of an individual but of a community, they were not attributed to a particular author. In more modern times and settings, the *romance* form has been favored by many literary authors (among them Federico García Lorca) who have adapted it to their own styles. The "Romance del prisionero" is of the traditional variety. It highlights only one small scene in the life of the hero, so it is up to the reader to imagine the hero's full story.

ANTES DE EMPEZAR

Palabras y expresiones

la calandria	lark
el ruiseñor	nightingale
cuitado	dejected, in despair
sino por una avecilla	if it weren't for a little bird
al albor	at dawn
matómela un ballestero	a soldier killed it
déle Dios...	may God give him...
el galardón	reward

A. Las mascotas (*Pets*). Todas las mascotas tienen distintas personalidades. También sus amos/as (*owners*) tienen personalidades características.

Paso 1. Completa las oraciones con tres acciones características de las siguientes mascotas.

MODELO: El conejo <u>salta</u>, <u>escapa</u> y <u>come zanahorias</u>.

1. El gato   _____, _____ y _____.
2. El perro   _____, _____ y _____.
3. El canario _____, _____ y _____.
4. La iguana _____, _____ y _____.

Paso 2. ¿Qué características específicas tienen los amos / las amas de las mascotas? Completa las siguientes oraciones.

MODELO: Los amos / Las amas de conejos son en general <u>rápidos</u> y <u>tímidos</u>.

1. Los amos / Las amas de gatos son en general _____ y _____.
2. Los amos / Las amas de perros son en general _____ y _____.
3. Las personas que tienen canarios son en general _____ y _____.
4. Las personas que prefieren tener iguanas son en general _____ y

_____.

B. Los meses y sus características

Paso 1. Explica con qué asocias los siguientes meses. Menciona dos aspectos particulares.

MODELO: Diciembre es el mes en que <u>celebro mucho</u> y <u>visito a mi familia</u>.

Noviembre es el mes en que _____ y _____.

Febrero es el mes en que _____ y _____.

Mayo es el mes en que _____ y _____.

Julio es el mes en que _____ y _____.

Paso 2. ¿Cuál es tu mes favorito? ¿Por qué? ¿Qué relación hay entre esta preferencia y tu personalidad? Comparte tus ideas con el resto de la clase.

C. El título. Contesta las siguientes preguntas.

1. ¿Qué información concreta encuentras en el título "Romance del prisionero"?
2. ¿Qué esperas encontrar en este poema?
3. ¿Te puedes imaginar el estado emocional de la voz poética? ¿Está contenta o triste? ¿Qué desea? ¿Qué puede hacer más feliz al personaje?

D. Una micada de pájaro. Haz una lectura superficial (no interpretativa) de "Romance del prisionero" y considera las siguientes preguntas.

1. ¿Qué palabras reconoces fácilmente? ¿Qué puedes anticipar con la ayuda de estas palabras?
2. ¿Qué palabras no reconoces? Anota las palabras desconocidas (*unknown*) y búscalas en un diccionario. Comparte la información con el resto de la clase.

E. El significado de los verbos. Es posible comprender el significado de un verbo sin conocer el tiempo (*tense*) en que está conjugado. La terminación indica el tiempo verbal y la persona gramatical, pero la raíz (*stem*) indica el significado básico del verbo. ¿Puedes determinar el significado de los siguientes verbos subrayados? Escribe los infinitivos en los espacios en blanco.

Era de noche cuando <u>miré</u>[1] por la ventana. <u>Estaba</u>[2] solo. No se <u>veía</u>[3] gente en la calle, pero alguien <u>cantaba</u>[4]. ¿Quién <u>podría</u>[5] ser?

1. _____   4. _____
2. _____   5. _____
3. _____

---

poesía lírica *f.* tipo de poesía en que predominan (*prevail*) las emociones y los sentimientos de la voz poética

---

Romance del prisionero

Por el mes era de mayo,
cuando hace la calor,
cuando canta la calandria
y responde el ruiseñor,
cuando los enamorados
van a servir al amor;
sino yo, triste, cuitado,
que vivo en esta prisión,
que ni sé cuándo es de día,
ni cuándo las noches son,
sino por una avecilla
que me cantaba al albor;
matómela un ballestero:
¡déle Dios mal galardón!

 narrador(a) *m., f.* voz que cuenta la historia en un cuento o una novela (en la poesía es más común utilizar el término *voz poética*)

LEYENDO EL TEXTO

A. El mes de mayo. ¿Cuáles de los siguientes sucesos ocurren en mayo, según el poema? Marca tus respuestas con una X.

a. _____ Hace calor.

b. _____ Cantan los pájaros.

c. _____ Salen las flores.

d. _____ Llueve.

e. _____ La gente se enamora.

B. El narrador. ¿Cuáles de las siguientes afirmaciones se aplican al narrador del poema? Marca tus respuestas con una X.

a. _____ Está triste.

b. _____ Vive en la cárcel (*jail*) o en una prisión.

c. _____ Tiene un reloj.

d. _____ Un pájaro le hace compañía.

e. _____ Al narrador le gusta cantar.

C. La mejor opción. Escoge la mejor opción para terminar las siguientes oraciones, de acuerdo con el poema.

1. La avecilla canta (por la mañana / por la tarde).

2. La avecilla muere (por accidente / porque la matan).

3. La acción del ballestero es (cruel / altruista).

4. El narrador desea (venganza [*revenge*] divina / perdonar).

A PARTIR DE LA LECTURA

A. La prisión. En general, las personas que están prisioneras en la cárcel son culpables (*guilty*) de un crimen; sin embargo, a veces son inocentes. ¿Cuál es el caso del prisionero de este poema? ¿Por qué está en la cárcel? ¿Crees que es un criminal? Justifica tu opinión.

B. El prisionero y el amor. ¿Crees que el prisionero está enamorado? ¿Ofrece el poema alguna evidencia de esto? Justifica tu opinión.

C. El castigo (*Punishment*)

Paso 1. Hay castigos más severos que otros. En tu opinión, ¿cuál de los siguientes castigos es el más cruel (+) y cuál es el menos severo (−)?

a. _____ la tortura física

b. _____ la tortura psicológica

c. _____ la soledad obligada; la falta de contacto con el mundo

d. _____ el trabajo forzado

e. _____ las condiciones incómodas: poca comida, un cuarto pequeño, poco entretenimiento (*entertainment*)

Paso 2. ¿Qué castigo (de entre los mencionados en el Paso 1) recibe el prisionero? En tu opinión, ¿se trata de un castigo poco severo o muy cruel? Justifica tu opinión.

D. Las mascotas. Contesta las siguientes preguntas.

1. ¿Tienes alguna mascota con quien tenga una relación especial? ¿Qué tipo de mascota es? ¿Cómo se llama la mascota?

2. En el poema, el prisionero menciona "una avecilla que me cantaba". ¿Piensas que es una coincidencia que un pájaro vaya a cantarle, o crees que hay una conexión especial entre el pájaro y el prisionero?

E. El romance. El poema que leíste es un romance. Para identificar las características de un romance, contesta las siguientes preguntas.

1. ¿Cuántas sílabas hay en cada verso?
2. ¿Hay versos que riman? ¿Cuáles son?
3. De acuerdo con tus respuestas, ¿puedes deducir cuáles son las características principales de un romance?

INTERACCIONES

A. Recitando el poema. Trabaja con un compañero / una compañera. Dividan el poema en dos partes: la descripción del ambiente (desde el primer verso hasta " ...servir al amor") y el monólogo del prisionero (desde "sino yo... " hasta el final). Elige (*Choose*) cada uno/a una sección y practíquenla en voz alta, atendiendo la pronunciación, las pausas y el tono justo. Si es posible, memoricen el poema para recitarlo ante la clase.

B. Entrevista para el periódico. Imagínate que eres periodista y que estás investigando el caso del prisionero. Prepara cinco preguntas para él y tres preguntas para el ballestero. Después, dramatiza las entrevistas con tus compañeros/as de clase.

C. Una llamada telefónica. Todos los prisioneros tienen el derecho de hacer una llamada telefónica. Con un compañero / una compañera de clase, imagínate un diálogo telefónico entre el prisionero y otra persona. ¿A quién va a llamar? ¿Sobre qué van a conversar? ¿La amistad? ¿la justicia? ¿la libertad? Representen la llamada telefónica ante la clase.

A ESCRIBIR

A. Una página del diario. Imagínate que eres el prisionero y que escribes un diario (*diary*) sobre la vida en la cárcel. Escribe tus pensamientos y actividades del día de hoy.

B. Las peticiones. Imagínate que eres el prisionero. El tribunal (*court*) ha decidido aceptar las peticiones de los prisioneros en sus cumpleaños. ¿Qué vas a pedirle al tribunal el día de tu cumpleaños? Escribe una carta breve con tus peticiones.

Segunda etapa

Carta a María Mantilla

Sobre el autor

José Martí is considered one of the great Hispanic writers of all time. He was born in Havana, Cuba, in 1853. At 15, he was condemned to forced labor by the Spanish colonial rulers for his political activities in favor of Cuba's independence, then he was exiled. He lived in Spain, Mexico, Guatemala, Venezuela, and the United States, spending the last fourteen years of his life, from 1881 to 1895, in New York. In April 1895, he left for Cuba to take up arms against the colonial power, only to die in the battlefield a month later, on May 19.

Martí was a versatile writer who published poetry, essays, drama, children's stories, and a novel. His innovative poetry and prose earned him a prominent place among the initiators of *el modernismo,* the literary movement that revolutionized Hispanic literature in the late nineteenth century. His many letters to relatives, friends, and other writers and activists have been published as well. The text that follows was selected from *Cartas a María Mantilla,* a collection of letters written to his young goddaughter, the child of a Cuban couple in whose house Martí lived during a period of his exile in New York. This letter to her conveys his image of and feeling for the Cuban landscape.

ANTES DE EMPEZAR

Palabras y expresiones

la madrugada	dawn
el claro desyerbado	weeded clearing
rodear	to surround
la vivienda	living quarters
el mazo	bundle
la hoja	leaf
mecer	to wave, rock

A. ¡Necesito escribirte! ¿Cuándo escribes cartas? ¿Por qué razones crees que la gente siente la necesidad de escribir cartas? Completa las siguientes oraciones para expresar tus ideas. Escribe tres ejemplos para cada oración.

1. Siento la necesidad de escribir una carta cuando...

2. La gente escribe cartas cuando...

B. Un paisaje

Paso 1. Piensa en una escena nocturna en el campo (*country*). Decide si es posible (P) o imposible (I) describir esa escena con las siguientes oraciones.

	P	I
1. Brillan las estrellas.	____	____
2. Hace sol.	____	____
3. La luna ilumina las palmas (*palm trees*).	____	____
4. Los pájaros están volando.	____	____
5. Hay una casa rodeada (*surrounded*) de árboles.	____	____
6. Hay mucha gente y mucho tráfico en las calles.	____	____

Paso 2. Si opinas que algunas de las descripciones anteriores son imposibles, explica brevemente por qué lo son.

C. El pasado

Paso 1. Escoge un adverbio para cada una de las siguientes oraciones.

ahora   anoche   mañana

1. El escritor estaba en el campo. _____
2. Las estrellas brillan en el cielo. _____
3. La luna iluminaba las palmas. _____
4. En el patio hay árboles frutales. _____
5. Los animales van a despertarse temprano. _____
6. No había nadie en la casa de campo. _____

Paso 2. ¿Qué verbos se usan en las oraciones del Paso 1 para denotar el tiempo pasado?

1. _____   2. _____   3. _____

Paso 3. Di cómo se llama el tiempo en el que están conjugados los verbos que mencionaste en el Paso 2. Explica también cuándo se usa este tiempo.

D. De verbos a adjetivos.
Los adjetivos que terminan en **-ado** e **-ido** se derivan de verbos específicos. Escribe los adjetivos correspondientes a los siguientes verbos.

MODELO: aprender → aprendido

1. recibir   _____
2. necesitar   _____
3. encender   _____
4. rodear   _____
5. recortar (*to clip*)   _____
6. desyerbar (*to weed*)   _____

E. ¿Cuánto tiempo hace... ? Escribe la letra apropiada en los espacios en blanco.

    a. *Hace muchos días*   b. *Hace pocos días*   c. *Nunca lo he hecho*

1. ¿Cuánto tiempo hace que no escribes una carta?   _____

2. ¿Cuánto tiempo hace que no regalas un libro?   _____

3. ¿Cuánto tiempo hace que no vas al campo?   _____

4. ¿Cuánto tiempo hace que no miras las estrellas?   _____

 # Carta a María Mantilla (fragmento)

Maricusa* mía:

    ¿Cuántos días hace ya que no te acuerdas de mí? Yo te necesito más, mientras menos te veo. Anoche, a las cuatro de la madrugada, estaba en el *batey,* como aquí llaman al patio de las casas de campo, al claro desyerbado que rodea la casa de vivienda: en el cielo, de un azul que parecía vivo, estaban encendidas las estrellas: la luna recortada, y como de un fuego suave, iluminaba de arriba un mazo de palmas: las hojas de las palmeras se mecían suavemente, en el claro silencio: yo pensaba en ti.—José Martí

---

 género literario *m.* categoría de composiciones que se caracterizan por un estilo, una forma o un contenido particular

 género epistolar *m.* categoría de composiciones literarias escritas a manera de cartas

LEYENDO EL TEXTO

A. ¿Dónde estaba? ¿Dónde estaba el escritor cuando pensaba en Maricusa? Marca la respuesta correcta con una X.

---

*Affectionate term given to María Mantilla by Martí.

a. _____ en el desierto

b. _____ en el campo

c. _____ en la ciudad

d. _____ en la playa

e. _____ en una zona suburbana

B. Lenguaje literal y lenguaje figurado

Paso 1. Une cada sustantivo de la primera columna con un adjetivo de la segunda columna, según te parezca apropiado (*as you deem appropriate*).

1. _____ cielo
2. _____ estrellas
3. _____ beso
4. _____ luna
5. _____ fuego
6. _____ silencio

a. triste
b. suave
c. claro
d. recortada
e. encendidas
f. azul

Paso 2. Ahora di cuáles de estas frases emplean un lenguaje figurado y decide qué quieren decir. Comparte tus ideas con el resto de la clase.

lenguaje figurado *m.* palabras e imágenes que se utilizan para describir, representar o denotar algo similar

C. El ambiente. En tu opinión, ¿qué sentimientos inspira la escena que describe el escritor? Marca tus respuestas con una X.

a. _____ tristeza

b. _____ paz y tranquilidad

c. _____ violencia

d. _____ miedo y desesperación

e. _____ nostalgia

D. Palabras cariñosas. Vuelve a leer el texto e identifica dos frases u oraciones que expresen el sentimiento de cariño o amor que el escritor siente hacia Maricusa.

A PARTIR DE LA LECTURA

A. ¿A quién? En tu opinión, ¿es importante saber a quién le escribe la carta José Martí? ¿Es necesario tener información acerca de la destinataria (*addressee*)? Comparte tus opiniones con el resto de la clase.

B. El paisaje y los sentimientos. ¿Crees que los distintos paisajes pueden inspirar distintos tipos de sentimientos? ¿Por qué? Da algunos ejemplos breves de tu propia experiencia.

C. La zona geográfica. ¿Con qué zona geográfica asocias el paisaje que describe Martí? ¿Crees que se encuentra en un país del norte o en un país del sur? ¿Por qué?

D. La idea principal. Expresa en una sola oración la idea principal de la carta. Compara tu respuesta con las de otros compañeros / otras compañeras.

INTERACCIONES

A. Los medios de comunicación, ayer y hoy. Los medios de comunicación de hoy son muy diferentes a los del pasado.

Paso 1. Trabajando en parejas o grupos pequeños, escriban una lista de los medios de comunicación que se usaban hace cien años y una lista de los medios contemporáneos.

Los medios en el pasado	*Los medios*
1. _____	_____
2. _____	_____
3. _____	_____
4. _____	_____

Paso 2. Ahora discutan qué ventajas y desventajas tiene cada uno de los medios de comunicación contemporáneos con respecto a los medios más tradicionales.

B. Otros paisajes. ¿Cómo cambiaría el paisaje de la carta de Martí si se modificara un elemento (*if an element were to be changed*)?

Paso 1. Escribe una nueva descripción del paisaje usando la voz del escritor. Incorpora uno o más de los siguientes cambios.

- En lugar de ser las cuatro de la madrugada, son las cuatro de la tarde.
- En lugar de estar en el campo, el escritor está en la playa.
- En lugar de estar en el campo, el escritor está en la ciudad.
- En lugar de hacer buen tiempo, hay una tormenta eléctrica.

Paso 2. Ahora comparte tu descripción con el resto de la clase. Pídeles a tus compañeros/as que escojan un título para tu descripción.

A ESCRIBIR

A. La respuesta. Imagínate que eres Maricusa y que quieres escribirle una carta a José Martí. Dile qué hiciste en los días pasados y por qué no le habías escrito (*why you hadn't written him*). Puedes escribir desde un lugar imaginario. Recuerda el saludo y la despedida.

B. Pensando en ti. Piensa en tu paisaje favorito. Escríbele un mensaje electrónico (*e-mail*) a una persona querida que esté lejos, diciéndole por qué piensas en él/ella cuando ves este paisaje.

Epitafio

Sobre el autor

The son of a schoolteacher, **NICANOR PARRA** was born in 1914 in Chillán, a small town in southern Chile. He studied mathematics and physics at Brown University in Rhode Island and at the University of Oxford in England, in addition to the University of Chile in Santiago. He then settled in his native country, where he has been able to combine his interest in sci-

ences, which he has taught, and poetry, to which he owes his fame. Among his best-known works are *Cancionero sin nombre* (1937), *Poemas y antipoemas* (1954), *La cueca larga* (1958), *Obra gruesa* (1969), and *Los sermones y prédicas del Cristo del Elqui* (1977). Much of Parra's poetry can be characterized as "*anti-poesía,*" due to the absence of both traditional verse and lyricism. In his *anti-poesía* the poet gazes at daily events with a measure of modern discontent and pessimism as well as with a sense of self-mockery. Parra was recently awarded the coveted *Premio Internacional de Literatura Latinoamericana y del Caribe Juan Rulfo* and the *Premio Reina Sofía de Poesía Iberoamericana*. Echoing the irony found in many of his poems, including the one reproduced in this chapter, he declared upon receiving the *Reina Sofía* in 2001 that at his age, this kind of award is generally a "posthumous homage."

ANTES DE EMPEZAR

```
                    Palabras y expresiones

        la estatura              height
        el / la modista          dressmaker
        la trastienda            back room (of a shop)
        más bien                 rather
        el rostro                la cara
        cuadrado                 square shaped
        apenas                   barely
        bañado                   imbued
        tonto/a de remate        completely dumb
        la mezcla                mixture
        el embutido              sausage
```

A. ¿Cómo eras? ¿Qué recuerdos tuyos tendrá la gente después de tu muerte? ¿Cómo quieres ser recordado/a?

Paso 1. ¿Qué adjetivos de la siguiente lista pueden aplicarse para describirte? En tu opinión, ¿cuáles de esas características son positivas? ¿Tienes características desagradables? ¿Cuáles?

alto/a	irónico/a	orejón / orejona (*big-eared*)
escuálido/a (*scrawny*)	leal (*faithful*)	pérfido/a (*treacherous*)
flaco/a	listo/a	tonto/a

Paso 2. Escribe ahora dos párrafos breves para describirte a ti mismo/a. Utiliza la tercera persona y el tiempo pasado. En el primer párrafo, describe tus rasgos físicos. En el segundo párrafo, describe tus virtudes y defectos. Utiliza los adjetivos que seleccionaste en el Paso 1 y otros más, de tu invención.

B. La cara. El poema que vas a leer, "Epitafio", describe especialmente la cara de la voz poética. Piensa ahora en tu propia cara.

Paso 1. Marca con una X las partes del cuerpo que se encuentran en la cara.

a. _____ la boca   d. _____ la mano   g. _____ los ojos
b. _____ las cejas   e. _____ las mejillas (*cheeks*)   h. _____ las orejas
c. _____ la frente   f. _____ la nariz   i. _____ los pies

Paso 2. Escribe un párrafo para describir tu cara, usando las palabras que seleccionaste en el Paso 1. También puedes usar algunos de los adjetivos de la Actividad A, Paso 1. Escribe el párrafo utilizando la tercera persona y el tiempo pasado.

C. Epitafio

Paso 1. ¿Cuál es el significado de la palabra "epitafio"? Marca la respuesta correcta con una X.

1. _____ carta

2. _____ inscripción para una tumba

3. _____ episodio

4. _____ crónica de algún suceso

Paso 2. Generalmente, ¿cuándo se escribe el epitafio de una persona: antes o después de su muerte? ¿Qué razones puede tener una persona para escribir su epitafio antes de morir? Comparte tus opiniones con el resto de la clase.

❀ ❀ ❀ ❀ ❀

 # Epitafio

De estatura mediana,
con una voz ni delgada ni gruesa,
hijo mayor de un profesor primario
y de una modista de trastienda;
flaco de nacimiento
aunque devoto de la buena mesa;
de mejillas escuálidas
y de más bien abundantes orejas;
con un rostro cuadrado
en que los ojos se abren apenas
y una nariz de boxeador mulato
baja a la boca de ídolo azteca
—todo esto bañado
por una luz entre irónica y pérfida—
ni muy listo ni tonto de remate
fui lo que fui: una mezcla
de vinagre y de aceite de comer
¡un embutido de ángel y bestia!

❀ ❀ ❀ ❀ ❀

aliteración *f.* recurso poético que consiste en emplear sonidos repetitivos; por ejemplo, "profesor primario" y "baja a la boca..."	

hipérbole *f.* recurso literario que consiste en exagerar una descripción	

LEYENDO EL TEXTO

A. Descripciones. Escribe una lista de los adjetivos o frases adjetivales que se usan en el poema para describir la cara y el cuerpo.

1. _la estatura mediana_   5. _____

2. _____   6. _____

3. _____   7. _____

4. _____   8. _____

B. El lenguaje figurado en su contexto. Di cuál es el significado de las siguientes frases, según el contexto en el que aparecen en el poema.

1. "devoto de la buena mesa"
   a. A la voz poética le gustan las mesas hechas de buena madera.
   b. A la voz poética le gusta comer.
2. "nariz de boxeador mulato"
   a. La voz poética tiene la nariz ancha.
   b. La voz poética tiene la nariz agresiva.
3. "boca de ídolo azteca"
   a. La voz poética tiene muy buen apetito.
   b. La voz poética tiene los labios anchos.
4. "un embutido de ángel y bestia"
   a. La voz poética sería un buen bocado (*snack*) para ángeles y bestias.
   b. La voz poética es una mezcla de cosas buenas y malas.

A PARTIR DE LA LECTURA

A. ¿Pretérito o imperfecto? ¿Qué significa la frase "fui lo que fui"? ¿Cómo cambia el significado si en lugar del pretérito se usa el imperfecto ("era lo que era")? Compara tus respuestas con las de otros compañeros / otras compañeras de clase.

B. El tono. La voz poética reconoce que la descripción que hace de sí misma es sarcástica y burlona. Contesta las siguientes preguntas y comparte tus respuestas con el resto de la clase.

1. ¿En qué versos reconoce su sarcasmo?
2. En tu opinión, ¿qué dice el tono de la descripción sobre la actitud de la voz poética ante la vida? ¿Es una actitud positiva o negativa? Justifica tus respuestas.
3. ¿Qué actitud crees que tiene el poeta ante la muerte?

C. Recitación. En grupos pequeños, decidan cuál es el tono ideal para recitar el poema. Ensayen en grupo y luego preséntenlo ante el resto de la clase.

D. La influencia de los padres. La voz poética menciona a su padre y a su madre en el poema y los identifica por su profesión: el padre es un profesor primario; la madre, una modista. ¿Por qué crees que los menciona en su epitafio? Considera las siguientes preguntas para dar tu opinión.

- ¿Qué influye más en la personalidad de un individuo: los padres, la personalidad innata o el medio ambiente (*environment*)?
- ¿Influye la profesión o el trabajo de los padres en la personalidad de los hijos?
- ¿Cuál es la actitud de la voz poética hacia sus padres? ¿Los admira? ¿Los critica? ¿Es indiferente?

INTERACCIONES

A. Un retrato. Con un compañero / una compañera, dibuja el rostro de la voz poética, de acuerdo con la descripción del poema. Uno/a de ustedes puede leer los versos en voz alta mientras el otro / la otra dibuja la cara. Comparen su dibujo con los del resto de la clase.

B. ¿Cómo era? En grupos de tres o cuatro estudiantes, escriban el epitafio de un personaje famoso, vivo o muerto, del mundo de la literatura, la pintura, el deporte, la música, la política o cualquier otra profesión. Usen el imperfecto para describir en el pasado. Luego, lean el epitafio al resto de la clase para que los/las demás estudiantes adivinen de quién están hablando.

C. Actitudes ante la vida. Como ya se ha visto, el autor del poema tiene una actitud irónica y humorística ante la vida. ¿Estás de acuerdo con esta actitud? ¿Qué opinan tus compañeros/as de clase? Formen dos grupos grandes. El primer grupo debe defender la ironía y el humorismo como las actitudes más positivas de la vida; el segundo grupo debe sostener que la seriedad es mucho más importante. Escriban sus respectivos argumentos en la pizarra. También pueden nombrar personajes famosos para apoyar (*support*) sus respectivos puntos de vista. Al final, la clase debe votar a favor de una u otra actitud.

A ESCRIBIR

A. Tu propio epitafio. Escribe tu propio epitafio en prosa, usando un tono similar al de Nicanor Parra. ¿Qué aspectos de tu vida es importante destacar? ¿Aspectos físicos? ¿profesionales? ¿intelectuales? ¿sentimentales?

B. Tu poema. Usando el poema de Parra como modelo, escribe un poema breve en el presente, haciendo tu propia descripción. Sigue el modelo verso por verso, empezando por tu estatura y siguiendo con la voz, la profesión de tus padres y tu descripción física. En los últimos versos, identifica uno o más objetos que sirvan para describirte metafóricamente; por ejemplo, ¿eres un ángel o una bestia? ¿una nube o una tormenta?

C. Obituario. Siguiendo el modelo de las esquelas mortuorias (*death notices*) que se publican en los periódicos, escribe una esquela imaginaria para anunciar la muerte de la voz poética descrita en el poema "Epitafio". Ofrece información sobre su nacimiento, su familia, los estudios que realizó y sus logros. Sé creativo/a; no te limites a la información ofrecida en el poema. También puedes usar otro nombre que el del autor.

MODELO: El poeta murió a los 74 años. Autor de cinco libros, el poeta chileno es reconocido, sobre todo, por el humor en su poesía. Su esposa e hijos...

La mala racha

Sobre el autor

Born in Montevideo, Uruguay, in 1940, **EDUARDO GALEANO** began his writing career in journalism at a very young age. He wrote for and headed several Uruguayan journals before going into exile from 1973 until 1985, first to Argentina and later to Spain. From the beginning of his career, Galeano was a chronicler of his continent and the contemporary age, leaning markedly toward critiques of social and political issues. His 1971 book, *Las venas abiertas de América Latina* (*The Open Veins of Latin America*), a study of the factors responsible for five centuries of underdevelopment in Latin

America, has been translated into some twenty languages and has endured the test of time. Galeano's works of a more literary bent do not easily fit into any genre: They display characteristics of newspaper articles, essays, history, memoirs, short stories, and prose poems. This holds true for the trilogy *Memoria del fuego* (1982–1986) and also for *El libro de los abrazos* (1989), a collection of short personal reflections and autobiographical vignettes from which "La mala racha" is taken. Galeano has been living and writing in his native Uruguay since the end of the dictatorship in 1985.

ANTES DE EMPEZAR

Palabras y expresiones

durar	to last
el bolsillo	pocket
la lapicera	**el bolígrafo**
el gualicho (*col.*)*	evil eye
me quiere mal	doesn't much care for me
me piensa peor	thinks even worse of me
la casualidad	**coincidencia**
el bajón (*col.*)	**la mala suerte**
demorar en irse	to linger
ando de pérdida en pérdida	I go from one loss to another

A. La mala racha. En la vida, casi toda la gente pasa por una mala racha: un período largo en el que todo le sale mal (*everything goes wrong*).

Paso 1. Hay situaciones específicas que la gente asocia con las malas rachas. También hay situaciones negativas que son sólo desgracias aisladas (*isolated misfortunes*) y que no necesariamente son parte de una mala racha. ¿Cuáles de las siguientes situaciones asocias tú con una mala racha? Marca con una X las respuestas que sean apropiadas para ti.

a. _____ Pierdes dinero, llaves, paraguas o documentos.

b. _____ Se te olvidan nombres y fechas importantes.

c. _____ Te llevas mal con la gente.

d. _____ Te asaltan (*You get mugged*) o te roban algo.

e. _____ Se te caen las cosas —los platos, por ejemplo— y se rompen.

f. _____ Sufres accidentes (o la gente que tú quieres sufre accidentes).

g. _____ Sufres otras desgracias. (Da un ejemplo.) _____

Paso 2. Piensa ahora en cómo te sientes cuando te suceden las desgracias que marcaste en el Paso 1. ¿Te sientes deprimido/a? ¿Reaccionas de manera optimista o pesimista? ¿Qué haces para combatir (*fight*) la mala racha? ¿Crees en los amuletos (*charms*)? Comparte tus respuestas con el resto de la clase.

*colloquial

B. ¿De dónde viene la mala suerte? Muchas personas atribuyen la mala suerte a factores incontrolables y externos; por ejemplo, a su signo astrológico, al "mal de ojo" (*evil eye*), a su situación económica o a la personalidad de su jefe/a. Otras personas piensan que la mala suerte es producto de sus propias acciones. ¿Qué crees tú? Contesta las siguientes preguntas y luego comparte tus respuestas con el resto de la clase.

1. ¿Conoces a una persona con mala suerte? ¿Cómo es? Descríbela en tres o cuatro oraciones.
2. ¿Te consideras una persona con suerte o sin suerte? Explica tu respuesta en tres o cuatro oraciones.
3. ¿Crees que existe el "mal de ojo"? Explica tu opinión en tres o cuatro oraciones.
4. ¿Crees que una persona puede contribuir a su buena o mala suerte? Explica tu opinión con dos o tres ejemplos.

C. ¡No es mi culpa! En español se utiliza la estructura gramatical **se + pronombre del objeto indirecto + verbo en la tercera persona** para expresar que una acción es accidental y no la responsabilidad de alguien. Por ejemplo, en vez de decir "olvidé las llaves" (lo cual implica una responsabilidad personal), puede decirse "se me olvidaron las llaves", para sugerir que el olvido fue accidental.

Paso 1. Marca con una X los incidentes que, en tu opinión, sean accidentales.

a. _____ perder el número de teléfono de un amigo / una amiga

b. _____ romperse un hueso

c. _____ olvidar el vocabulario de la lección antes del examen

d. _____ perder la cartera

e. _____ olvidar el cumpleaños de un amigo / una amiga

Paso 2. Ahora escribe una oración con cada una de las oraciones que marcaste en el Paso 1. Usa la estructura gramatical **se + pronombre del objeto indirecto + verbo en la tercera persona**.

D. Especulaciones. El tiempo futuro se puede usar para hacer especulaciones. Subraya las oraciones del siguiente párrafo que sugieran una especulación.

¿Será extranjero ese chico tan extraño? Siempre lo veo solo y parece triste. No conocerá a nadie en esta ciudad. Estará deprimido. Lo voy a invitar a participar en mi grupo de teatro. Seguramente le gustará encontrarse con otros jóvenes de su edad.

La mala racha

Mientras dura la mala racha, pierdo todo. Se me caen las cosas de los bolsillos y de la memoria: pierdo llaves, lapiceras, dinero, documentos, nombres, caras, palabras. Yo no sé si será gualicho de alguien que me quiere mal y me piensa peor, o pura casualidad, pero a veces el bajón demora en irse y yo ando de pérdida en pérdida, pierdo lo que encuentro, no encuentro lo que busco, y siento mucho miedo de que se me caiga la vida en alguna distracción.

---

tragedia *f.* género literario (casi siempre dramático) que se caracteriza por una temática (*subject matter*) triste y un tono pesimista

---

comedia *f.* género literario (casi siempre dramático) que se caracteriza por una temática alegre y un tono festivo

---

LEYENDO EL TEXTO

A. ¿Cómo se interpreta? Di cuál es el significado de las siguientes frases según el contexto en el que aparecen en la lectura.

1. "se me caen las cosas de los bolsillos y de la memoria"
   a. El narrador pierde y olvida muchas cosas.
   b. El narrador tiene muchos accidentes.
2. "yo no sé si será gualicho de alguien... o pura casualidad"
   a. El narrador no sabe explicar su mala suerte.
   b. El narrador cree que es un asunto del destino.
3. "a veces el bajón demora en irse"
   a. La depresión viene y se va repetitivamente.
   b. El narrador sufre largos períodos de mala suerte.

4. "ando de pérdida en pérdida"
   a. El narrador se pierde cuando sale a caminar.
   b. El narrador pierde cosas continuamente.
5. "siento mucho miedo de que se me caiga la vida"
   a. El narrador tiene miedo de caerse.
   b. El narrador tiene miedo de morirse.

A PARTIR DE LA LECTURA

A. En una palabra. Caracteriza al narrador con una sola palabra; luego explica la caracterización en dos o tres oraciones.

B. ¿Cómo se explica su mala racha? ¿Por qué pasará el narrador por malas rachas? ¿Crees que la mala racha es producto de su personalidad o producto de la casualidad? ¿Es el resultado de otras circunstancias? ¿Crees que el narrador es responsable de su situación? ¿Puede hacer algo para cambiar su mala suerte? Comparte tus opiniones con el resto de la clase.

C. ¿Un caso trágico o cómico? ¿Crees que la situación del narrador es trágica, o te parece cómica? ¿Crees que es un poco de las dos cosas? Escribe dos o tres oraciones para justificar tu opinión y compara tus observaciones con las de un compañero / una compañera.

tragicomedia *f.* género literario (casi siempre dramático) que se caracteriza por una temática triste, pero narrada con un tono humorístico

INTERACCIONES

A. Una cita con el psicólogo. Imagínate que el narrador, preocupado por su mala racha, decide llamar al consultorio de un psicólogo / una psicóloga para hacer una cita. Trabajando con una pareja, haz el papel del narrador o del / de la recepcionista, para inventar un diálogo.

Paso 1. El narrador llama por teléfono al consultorio y le explica al / a la recepcionista por qué necesita ver al psicólogo / a la psicóloga.

Paso 2. El / La recepcionista toma los datos necesarios para darle cita al narrador.

B. En el consultorio. Imagínate que hoy es el día de la cita con el psicólogo / la psicóloga. Trabajando con una pareja, haz el papel del narrador o del psicólogo / de la psicóloga para inventar un diálogo.

Paso 1. El doctor / La doctora toma el historial médico y psicológico del narrador.

Paso 2. El narrador describe brevemente sus síntomas. El psicólogo / La psicóloga le hace algunas preguntas más.

Paso 3. El psicólogo / La psicóloga le da al narrador algunas ideas para mejorar su situación. El narrador comenta las sugerencias.

C. Grupo de apoyo. Imagínate que el narrador decide participar en un grupo de apoyo para combatir la mala racha. Cada persona del grupo habla brevemente de sus experiencias y trata de resolver sus preocupaciones de una manera positiva. Trabajando en grupos de tres o cuatro estudiantes, representen el papel del narrador y de los otros / las otras participantes.

D. Confrontando al malhechor / a la malhechora (*wrongdoer*). Imagínate que el narrador se encuentra con una persona que él piensa que lo quiere mal y decide preguntarle si le ha echado el "mal de ojo". Trabajando con una pareja, haz el papel del narrador o del malhechor / de la malhechora para inventar un diálogo.

A ESCRIBIR

A. La buena racha. Para tener una actitud positiva hacia la vida, escribe tus reflexiones sobre la buena racha. En uno o dos párrafos breves, describe todas las cosas buenas que hay en tu vida.

B. Un manual para la buena racha. Escribe un manual breve para facilitar la buena suerte y la felicidad. Di qué pasos hay que seguir (*one needs to follow*) para tener siempre buena suerte. Escribe por lo menos cinco sugerencias.

Mi familia

Sobre el autor

Attachment and yearning for a lost past are, not surprisingly, recurrent themes of Cuban-American literature. The Cuban-American poet **ALBERTO ROMERO** was born in Havana in 1937 and arrived in New Jersey in 1968. His book of poems *Parque de diversiones* was published in Cuba in 1966, while *Desde el pueblo donde vivo* first appeared in the United States in 1978. Alberto Romero also writes prose fiction and journalistic pieces. In "Mi familia," from the 2000 edition of *Desde el pueblo donde vivo,* he explores the tenuous connections of a family separated by distance. As you read, notice how the poem examines the nature of family relationships and the significance of traditions in Hispanic cultures.

ANTES DE EMPEZAR

Palabras y expresiones	
se ha convertido (en)	has turned into
el bautizo	christening
el tema musical	**la melodía**
fueron muriendo	started dying
de vez en cuando	once in a while
la cuchillita de afeitar	razor blade

A. Asociación de ideas

Paso 1. Escoge la palabra de la siguiente lista que más asocies con la familia.

películas	tradición	tarjetas
comidas	fotos	fiestas
casa	melodías	risa

Paso 2. Explica brevemente por qué asocias a la familia con esa palabra.

B. El intruso

Paso 1. Elimina de cada lista la palabra que, en tu opinión, no tenga relación con las otras palabras.

1. años	recuerdos	tradiciones	cuchillo
2. morir	existir	olvidar	desayunar
3. abuela	sobrino	amigo	primo
4. envío	afeito	olvido	recuerdo

Paso 2. Explica brevemente por qué esas palabras no corresponden con las otras.

C. De verbos a adjetivos.

Paso 1. Escribe el participio pasado de los siguientes verbos, como hiciste en la página 49.

1. pasar _____

2. unir _____

3. afeitar _____

4. convertir _____

5. compartir (*share*) _____

6. tomar _____

Paso 2. Ahora completa el siguiente párrafo con los participios pasados del Paso 1, usándolos como adjetivos. ¡OJO! Recuerda las concordancias.

Recuerdo que los Romero formábamos una familia muy
_____.[1] La casa de mi abuela era _____.[2] En
ella vivía mi abuela con sus tres hijos y sus respectivas familias. Ahí
se celebraban todos los momentos importantes en la vida de los
nietos: los bautizos, los cumpleaños, las primeras comuniones, las
graduaciones. Como esas ocasiones eran especiales, los primos jóvenes
—casi _____[3] en hombres— llevábamos traje y la cara
_____.[4] Las fotos _____[5] en esas fiestas son
testimonio de lo que yo digo. ¡Qué lindos recuerdos tenemos de los
años _____![6]

D. Antes sí, ahora no. ¿Es diferente la vida familiar de hace cincuenta años a la de ahora? Usando el tiempo presente y las palabras *nada, nadie, ningún/ ninguna, nunca* y/o *tampoco*, escribe frases negativas para comparar la situación de las familias de antes y de ahora.

Hace cincuenta años...   Ahora...

1. las familias siempre iban juntas a la iglesia.   _____

2. alguien estaba en casa para cuidar a los hijos.   _____

3. los abuelos vivían con la familia.   _____

4. los niños tenían responsabilidades en la casa.   _____

E. Las reuniones familiares. ¿En qué tipo de ocasiones se reúnen los miembros de tu familia? Trabajando en grupos de tres o cuatro estudiantes, contesten las siguientes preguntas para describir las costumbres de sus respectivas familias.

1. **¿Cuándo?** ¿En qué ocasiones se reúne toda la familia? ¿Se reúne para celebrar Navidad, Jánuka, cumpleaños, funerales, bodas, vacaciones, fiestas nacionales? Escriban cuál es el evento más característico en la familia de cada estudiante.
2. **¿Dónde?** ¿Dónde se reúne la familia: en casa de los abuelos, en la iglesia, en un restaurante o en una sala alquilada (*rented*)?
3. **¿Quién(es)?** ¿Quiénes van a estas reuniones y quiénes *no* van? ¿A quiénes invitan? ¿Van sólo los parientes o también los amigos íntimos?
4. **¿Qué hacen?** ¿Qué hacen típicamente durante estos eventos? ¿Cómo celebran el evento?

F. La familia a la distancia. ¿Cómo se mantienen vivas las relaciones familiares cuando los parientes viven lejos? ¿Hay métodos que sean mejores que otros? Escoge el método de la siguiente lista que te parezca el más efectivo. Explica tu preferencia por este método ante el resto de la clase.

MODELO: Invitarlos a mi casa. → Para mí, el mejor método es invitarlos
a mi casa porque así puedo compartir mi espacio con ellos.

1. llamar a mis parientes por teléfono
2. enviarles fotos
3. escribirles cartas
4. mandarles regalos
5. enviarles dinero
6. filmar una película (o un video) sobre mi vida y enviársela
7. pasar las vacaciones con ellos
8. enviarles tarjetas postales cuando viajo
9. otro(s) método(s): _____

 # Mi familia

Mi familia, con el paso de los años,
se ha convertido en recuerdos:
Tarjetas de bautizos,
una película que nadie olvida
y un tema musical.

Los vecinos, los amigos, mis padres,
mi abuela, mi suegra y mi sobrino,
fueron muriendo sin premeditado interés,
como lo señala la tradición,
para convertirnos en una familia
que nunca come unida,
una casa en la que ya nadie ríe
y donde nunca existe un día de fiesta.

Allí, hoy sólo son unos pocos
y yo, desde lejos, les envío mis fotos
algunos dólares y de vez en cuando
una cuchillita de afeitar.

metáfora *f.* recurso literario por el que se transporta el sentido de una palabra a otra

 licencia poética *f.* libertad que tiene el/la poeta de romper las normas de la gramática o la sintaxis

LEYENDO EL TEXTO

A. ¿Dónde está en el poema? El poema hace referencia a los siguientes temas. Indica en qué verso o versos aparecen dichas (*these*) referencias.

1. el pasado
2. un ritual religioso
3. un pasatiempo recreativo
4. los parientes
5. los muertos
6. actividades dentro de casa
7. la tristeza (o la falta de alegría)
8. una celebración secular (no religiosa)
9. la separación

B. Los miembros de la familia. Varios versos mencionan a personas específicas de la familia del poeta. A continuación aparecen las descripciones de los parentescos. Escribe la palabra descrita al lado de la descripción. ¡OJO! Hay un parentesco que no aparece en el poema.

Descripción	*Palabra descrita*
1. la madre de su padre o de su madre	_____
2. la esposa de su hermano o la hermana de su esposa	_____
3. las personas que viven en su barrio (*neighborhood*)	_____
4. el hijo de su hermana o de su hermano	*el sobrino*
5. personas con quienes se lleva muy bien	_____
6. la madre de su esposa	_____

C. El pasado y el presente del poeta. El poeta explora sus recuerdos y su situación presente.

Paso 1. ¿Cuáles de las siguientes acciones corresponden al pasado del poeta y cuáles al presente? Marca las respuestas correctas en la columna apropiada.

	Presente	*Pasado*
1. recordar	☐	☐
2. asistir a bautizos	☐	☐
3. ver películas	☐	☐
4. escuchar música	☐	☐
5. comer juntos	☐	☐
6. reír	☐	☐
7. celebrar los días de fiesta	☐	☐
8. vivir lejos	☐	☐
9. enviar fotos	☐	☐

Paso 2. Ahora conjuga en el presente las acciones que marcaste en la primera columna, y en el imperfecto las acciones que marcaste en la segunda columna, para describir la vida del poeta como es ahora y como era antes.

A PARTIR DE LA LECTURA

A. La cuchillita de afeitar. En el último verso dice el poeta que, de vez en cuando, les envía a sus parientes una cuchillita de afeitar. ¿Por qué crees que envía esto? En tu opinión, ¿tiene la cuchillita un valor figurado? ¿Qué puede representar para el poeta? ¿O crees que el verso es metafórico y que el poeta les envía otra cosa? Justifica tus respuestas y compártelas con el resto de la clase.

B. La actitud del poeta. ¿Crees que el poeta está feliz con su vida o crees que se siente insatisfecho? ¿Es optimista o pesimista? Justifica tus respuestas con ejemplos tomados del poema y compártelas con el resto de la clase.

INTERACCIONES

A. Recitación. Con un compañero / una compañera, lee el poema en voz alta después de escoger un tono indicado para la recitación (triste, irónico, tranquilo o dramático). Practiquen antes de recitar el poema ante la clase, atendiendo a la pronunciación y la entonación.

B. Consejos para el poeta. Es evidente que el poeta siente mucha nostalgia por su pasado, pero necesita vivir en el presente. ¿Qué consejos podemos darle para reducir su dolor y ayudarlo a ser feliz? Trabajando en grupos pequeños, preparen una lista de cinco consejos. Luego compárelos con los consejos del resto de la clase.

C. Una llamada telefónica. Imagínate que eres el poeta y que recibes una llamada de tus parientes en Cuba. Con un compañero / una compañera, dramatiza la conversación. Incluyan los siguientes detalles en el diálogo. ¡OJO! Es necesario ser breve: ¡las llamadas de larga distancia son caras!

- ¿Quién llama?
- ¿Por qué llama? (¿para pedir algo? ¿para dar información?)
- La reacción o las emociones del poeta (¿alegría? ¿sorpresa? ¿disgusto?)

A ESCRIBIR

A. Una carta con envío (*shipment*). Imagínate que eres el autor de "Mi familia" y que acabas de enviarle algunas cosas a tu familia en Cuba: fotos y regalos (como cuchillitas de afeitar). Escribe la carta que acompaña al paquete enviado.

B. Muchas gracias. Imagínate que eres el/la pariente del poeta y que acabas de recibir una carta, unas fotos y un regalo de él. Escríbele una carta para agradecerle (*thank him*) y para darle tus impresiones acerca del envío.

Prosas apátridas

Sobre el autor

Julio Ramón Ribeyro was born in 1929 in Lima, Peru. Although his middle-class family encouraged him to pursue a career in law, Ribeyro began frequenting literary circles, where he read his fiction and gained recognition as a promising writer. It is said that he left Peru for Europe in search of a more anonymous life, away from fame and popularity. After living in Germany, Belgium, and Spain, Ribeyro settled in Paris, where he worked as a journalist for Agence France-Press from the early sixties until 1971. That year he was appointed Peru's cultural attaché for UNESCO, a position that allowed him to travel back and forth between Lima and Paris. Weakened after suffering from cancer for many years, Ribeyro was unable to travel to Mexico in 1994 to personally receive the Juan Rulfo Prize, a major award in Latin America. He died that same year.

Ribeyro is known for his marked interest in portraying marginal sectors of society and in representing the middle class as victim of a social order that stifles true individuality. He produced several collections of short stories, among them *Los gallinazos sin plumas* (1955), *Cuentos de circunstancias* (1958), and *Las botellas y los hombres* (1964). His other work includes novels, literary criticism, and narratives that defy easy genre classification, such as *Prosas apátridas* (1975), from which the text that follows was selected.

ANTES DE EMPEZAR

Palabras y expresiones

apátrida	stateless
la boca	entrance
darse cuenta	to become aware
dejar de ser	to stop being
el tipo	**el arquetipo**
vestimentario/a	clothes-related
la suela	sole
por ello	for that reason
la temporada	season
el patrón	pattern; trend
el / la modelista	fashion designer
correr el riesgo	to run the risk
pasar desapercibido/a	to be unnoticed
lucir	to show (off)

A. Las funciones de la moda. ¿Cuáles son las funciones de la moda? A continuación aparecen algunas. Numéralas en el orden de su importancia y, si quieres, añade (*add*) otras.

a. _____ verse bien

b. _____ llamar la atención

c. _____ presumir (*to show off*)

d. _____ adquirir un producto nuevo

e. _____ sentirse parte de un grupo que sigue la misma moda

f. _____ mostrarse moderno/a

g. _____ parecerse a (*to look like*) otra persona; por ejemplo, a alguien famoso

h. _____ otras funciones: _____

B. La moda, ayer y hoy. Por definición, la moda cambia continuamente. ¿Qué ropa está de moda estos días? Contesta las preguntas según tu opinión.

las gafas

el suéter de
cuello de tortuga

la barba

la pipa

1. ¿pantalones anchos o estrechos?
2. ¿faldas cortas o largas?
3. ¿abrigos de piel o de lana?
4. ¿botas altas o botines (*ankle boots*)?
5. ¿ropa de algodón o de poliéster?

C. Vestimentas, uniformes y disfraces. La ropa juega varios papeles (*various roles*) y, según el papel que juega, recibe nombres distintos. A la ropa que usamos para cubrir el cuerpo se le llama "vestido" o "vestimenta". A la ropa distintiva que lleva un grupo de personas de un mismo oficio, profesión o colegio, se le llama, por ser idéntica, "uniforme". Cuando la ropa se usa para transformar u ocultar (*hide*) la identidad de una persona, se le llama "disfraz".

Paso 1. En tu opinión, ¿cuáles de los siguientes artículos (*items*) son vestimentas (V), cuáles son uniformes (U) y cuáles son disfraces (D)?

1. _____ camisa negra, pantalones y zapatos negros, gabán (*overcoat*) negro, cuello redondo y blanco

2. _____ un vestido de baile lujoso (*luxurious*), mucho maquillaje y una máscara

3. _____ una camiseta, pantalones vaqueros, zapatillas de deporte

4. _____ un vestido oscuro, un sombrero de pico, una escoba, nariz grande y uñas largas

5. _____ camisa blanca, pantalón o falda blanca, un estetoscopio

6. _____ barba, pipa, gafas, zapatos cómodos, suéter de cuello de tortuga, un libro o periódico

Paso 2. Di con quién o quienes asocias cada grupo de artículos mencionado en el Paso 1. Puede ser una persona específica, la moda de una época o una profesión.

MODELO: El sombrero blanco, el delantal (*apron*) y la cuchara de madera son probablemente de un cocinero / una cocinera.

Paso 3. ¿Qué otros propósitos tienen la moda, los uniformes y los disfraces? ¿Crees que hay alguna relación entre ellos? Presenta tus opiniones en tres o cuatro oraciones. Si quieres, puedes explicar tu opinión basándote en la ropa que se describe en el Paso 1.

D. La moda en el colegio: ventajas y desventajas.
Estos días se debate si debe haber lugar para (*if there should be room for*) la moda en la vida estudiantil. ¿Deben los estudiantes de escuela primaria y secundaria llevar uniforme o deben tener la libertad de ir a la moda? Expresa tu opinión en cuatro o cinco oraciones.

E. Géneros literarios.
Une las palabras de la primera columna con las descripciones de la segunda columna.

1. _____ el cuento
2. _____ el drama
3. _____ el poema
4. _____ la novela
5. _____ la crónica

a. texto sobre temas de actualidad
b. narración breve de sucesos ficticios
c. composición basada en el diálogo entre dos o más personajes
d. narración larga de sucesos ficticios
e. texto escrito en verso

género literario *m.* categoría de composiciones que se caracterizan por un estilo, una forma o un contenido particular

Prosas apátridas
(fragmento)

Esperando a alguien en la boca del metro veo entrar y salir a cientos de muchachas —empleadas, estudiantes, etc.— y me doy cuenta en ese instante de una de las funciones de la moda. Seguir la moda es renunciar a sus atributos individuales para adoptar los de un grupo o, en otras palabras, dejar de ser una persona para convertirse en un tipo. Los signos vestimentarios que eligen las mujeres a la moda —en el presente caso pantalones muy anchos, abrigos de piel, botines de altas suelas— producen una ilusión en el espectador: confundir a la copia con el modelo. Mientras más perfecta es la imitación más fácil es la ilusión. Por ello la moda no es otra cosa que un disfraz colectivo que se adopta todas las temporadas de acuerdo a ciertos patrones de belleza impuestos por los modelistas. Lo curioso de la moda es que las mujeres que la siguen buscan ser observadas, pero terminan por uniformarse, corriendo el riesgo de pasar desapercibidas. ¿Desapercibidas? Tal vez como unidades de una familia, pero no como familia. Pues la ambigüedad de la moda reside en que oculta por un lado, pero luce por otro. Oculta a las mujeres, pero luce a la mujer.

crónica *f.* género literario, frecuentemente periodístico, en el que se describen eventos o acontecimientos (*happenings*), o en el que se tratan temas de actualidad

LEYENDO EL TEXTO

A. El orden de la información. ¿En qué orden se menciona la siguiente información en el texto? Utiliza números del 1 al 6.

a. _____ El narrador comprende de pronto (*suddenly*) la función de la moda.

b. _____ Estos días están de moda los pantalones anchos y los abrigos de piel.

c. _____ El narrador espera a alguien en la estación y ve pasar a muchas mujeres.

d. _____ La moda es un disfraz colectivo que cambia cada año.

e. _____ La moda va contra la individualidad; crea tipos.

f. _____ Las mujeres que siguen la moda quieren ser observadas pero, paradójicamente, casi nadie las mira.

B. La repetición de ideas. Anota otras oraciones del texto que expresen la siguiente idea.

Seguir la moda es renunciar a los atributos individuales para adoptar los de un grupo.

1. _____

2. _____

3. _____

4. _____

C. El último fragmento. Lee con atención el último fragmento.

Paso 1. Según el autor, cuando las mujeres siguen la moda corren el riesgo de pasar desapercibidas, "como unidades de una familia, pero no como familia". ¿Cuál de las siguientes oraciones expresa mejor el significado de esta frase? Marca la respuesta correcta con una X.

a. _____ Todas las mujeres que siguen la moda se parecen entre sí (*look alike*), aunque no sean parientes.

b. _____ Las mujeres se parecen entre sí como si fueran parientes unas de otras, pero son observadas individualmente.

c. _____ No se sabe si las mujeres están relacionadas entre sí (*to each other*) o no.

Paso 2. Lee la última oración del texto. ¿Qué quiere decir el autor con que la moda "oculta a las mujeres, pero luce a la mujer"? Marca la respuesta correcta con una X.

1. "Oculta a las mujeres" quiere decir...

_____ que las mujeres se pierden.

_____ que la moda no deja ver la personalidad de cada mujer.

_____ que las mujeres quieren esconder (*to hide*) su identidad.

2. "Luce a la mujer" quiere decir...

_____ que la moda tiene un efecto positivo en la mujer genérica.

_____ que la mujer es lúcida.

_____ que a las mujeres les gusta lucirse.

A PARTIR DE LA LECTURA

A. El género. ¿A qué género literario corresponde el texto de Ribeyro? Puedes usar los géneros que se mencionan en las páginas 63, 64 y 77 como referencia. Justifica tu respuesta con ejemplos.

B. La idea principal. Expresa con tus propias palabras la idea principal del texto de Ribeyro.

C. La repetición. En la Actividad B de la página 78 anotaste varias repeticiones de la misma idea. ¿Por qué piensas que el autor repite la misma idea con diferentes palabras? ¿Es más convincente de esta manera? Comparte tu punto de vista con el resto de la clase.

D. Las funciones de la moda. En la página 74 se mencionan algunas funciones de la moda. ¿Cuál o cuáles de esas funciones se mencionan en esta crónica?

E. ¿Piensas lo mismo? ¿Estás de acuerdo con la opinión del autor acerca de la función de la moda? ¿Pierde una persona su individualidad cuando se viste a la moda? ¿O puede una persona, hombre o mujer, seguir la moda y al mismo tiempo distinguirse por su originalidad? ¿Qué puede hacer para lograr (*achieve*) este equilibrio? Contesta estas preguntas con un compañero / una compañera de clase.

F. Los patrones de belleza. Trabajando con un compañero / una compañera, contesta las siguientes preguntas.

1. ¿Están de acuerdo con que la moda responde a ciertos patrones de belleza impuestos por los modelistas o diseñadores?
2. ¿Cómo han cambiado los patrones de belleza en los últimos cincuenta años? Den tres o cuatro ejemplos.
3. ¿Creen ustedes que en todas las sociedades se aprecian los mismos patrones de belleza? Ofrezcan ejemplos sobre las diferencias o las similitudes (*similarities*) entre los patrones de belleza en distintas sociedades, de acuerdo con su respuesta.

G. ¿Moda femenina? El autor de la crónica limita sus comentarios a las mujeres que, según él, son esclavas (*slaves*) de la moda. Contesta las siguientes preguntas con un compañero / una compañera de clase.

1. ¿Creen que sólo las mujeres siguen los dictados de la moda? Ofrezcan argumentos a favor o en contra de esta idea.
2. ¿Por qué piensan muchas personas que la moda se dirige principalmente a las mujeres? ¿Se trata de un estereotipo? Compartan su opinión con el resto de la clase.

H. Falta el título. La crónica de Ribeyro no tiene título. ¿Podrías darle uno que sea apropiado y que refleje bien el contenido? Comparte tu título con el resto de la clase.

INTERACCIONES

A. Debate sobre la lectura. Vuelve a leer las siguientes palabras de Ribeyro: "Seguir la moda es renunciar a sus atributos individuales para adoptar los de un grupo o, en otras palabras, dejar de ser una persona para convertirse en un tipo." Dividan la clase en dos grupos. El primero debe apoyar (*support*) esta idea de Ribeyro y, el segundo, contradecirla. Después de deliberar en grupo, cada equipo debe presentar sus argumentos ante el resto de la clase.

B. ¿Cómo podemos expresar nuestra personalidad? El autor de la crónica sostiene que la moda oculta la personalidad y la originalidad del individuo.

Paso 1. Entrevista a un compañero / una compañera para averiguar (*find out*) cómo expresa su personalidad en varias áreas de su vida. Hazle preguntas acerca de los siguientes temas y añade otros temas de tu invención.

- la ropa que lleva puesta
- la decoración de su dormitorio/apartamento/casa
- el medio de transporte que prefiere
- algún plato (*dish*) especial que le gusta comer o preparar
- lugares y países que le gustaría visitar
- gente que le gustaría conocer
- las profesiones que le llaman la atención
- otros temas

Paso 2. En tu opinión, ¿en cuál de sus respuestas refleja tu compañero/a más originalidad? Comparte su respuesta y tu opinión con el resto de la clase.

C. Una persona muy original. En grupos de cuatro o cinco estudiantes, hagan la descripción de una persona famosa, hombre o mujer, que tenga un estilo especial. Presenten su descripción ante el resto de la clase para que adivinen de quién se trata.

A ESCRIBIR

A. Usted no tiene razón. El autor critica a las mujeres que ve entrar y salir del metro. Imagínate que una de estas mujeres tiene la oportunidad de responder a estas críticas. ¿Qué piensas que le diría al autor? ¿Justificaría su gusto por la moda? ¿Estaría de acuerdo en que ha perdido su originalidad? Escribe una composición o un diálogo desde la perspectiva de la mujer.

B. ¡Una buena selección! Escribe un anuncio para una tienda que vende ropa de último modelo. Describe las piezas y accesorios que tiene, de qué color son, cuánto cuestan y cualquier otro detalle que quieras añadir.

C. Tu propio texto crítico. Escribe un texto breve para el periódico estudiantil sobre algún tema de actualidad. Escribe el texto con una actitud crítica. Piensa en algún tema de actualidad; por ejemplo, los teléfonos celulares, las modas alternativas o algún tipo de música.

Aeroplano

Sobre el autor

VICENTE HUIDOBRO was born to a well-to-do, literary family in Chile's capital city of Santiago in 1893. He began writing poetry at the age of twelve and soon began developing his own inventive and iconoclastic ideas about art. His rejection of all poetic traditions prompted him to spearhead the experimental literary trend *creacionismo* in Latin America, and led him to Paris in 1916, where he collaborated with such prominent vanguard poets as Guillaume Apollinaire, Pierre Reverdy, Tristan Tzara, and André Breton in the new literary journals of the day. In 1921, Huidobro moved to Spain, where he helped found *ultraísmo,* the Spanish version of *creacionismo,* before returning to Chile in the 1920s. According to the tenets of Huidobro's *creacionismo,* the artist is as mighty a creator as Nature and as such need not be restricted by any reality other than his or her own: The poet is free to create stunningly new images and a new poetic language with its own syntax or grammar. Thus, Huidobro's poetry features free verse and oddly juxtaposed images, words, and sounds in seemingly random order without an anecdotal or descriptive purpose.

The poem "Aeroplano" (1917) belongs to Huidobro's Parisian period, but his most important works, *Altazor, o el viaje en paracaídas* and *Temblor de cielo,* were published in 1931. *Ver y palpar* and *El ciudadano olvidado* followed in 1941. In addition to poetry, Huidobro wrote novels, film scripts, manifestos, essays, and plays. He displayed political interests as well: As much a rebel in politics as in art, he ran for president of Chile and took part in the Spanish Civil War and in World War II. Huidobro died in 1948 in his native Chile.

ANTES DE EMPEZAR

Palabras y expresiones

venirse al suelo	to fall to the ground
inclinarse	to lean
aun	even
tras	**detrás de**
agitar	to ruffle
la bandera	flag
atravesar	to pierce, penetrate, cross
el techo	ceiling
a pesar de	despite
el muro	wall
sepultar	to bury

A. El sujeto y su predicado. El predicado es la parte de la oración que incluye un verbo relacionado con el sujeto. Une los siguientes sujetos con sus predicados lógicos.

Sujeto

1. _____ Las ventanas
2. _____ El viento
3. _____ El tambor
4. _____ El barco
5. _____ La linterna (*lantern*)

Predicado

a. llama la atención con su sonido.
b. naufraga (*is shipwrecked*) en las olas (*waves*).
c. alumbra (*lights*) una calle oscura.
d. se quiebran (*break*).
e. limpia el aire contaminado.

B. El título y sus asociaciones. El título de este poema es muy concreto, pero también deja mucho a la imaginación.

Paso 1. ¿Qué temas asociados con un aeroplano te imaginas que van a incluirse en este poema? Piensa en tres o cuatro temas.

Paso 2. La forma (*shape*) de los aviones puede sugerir varias cosas. ¿Cuál o cuáles de los siguientes objetos asocias con los aviones? Explica brevemente tu respuesta.

- un pájaro
- una cruz
- una estrella

- un cometa
- otra cosa (¿qué?) _____

Paso 3. ¿Cuáles de los objetos mencionados en el Paso 2 son naturales y cuáles son creados por los humanos? El aeroplano no es un objeto natural. ¿Crees que es apropiado compararlo con algo natural? ¿Por qué se compara un avión con un pájaro o con una estrella? ¿Qué implicaciones tiene compararlo con una cruz? ¿y con un cometa? ¿Qué sugieren estas comparaciones? ¿Tienen todas las mismas connotaciones? Comenta tus respuestas con un compañero / una compañera de clase.

C. Comparaciones y contrastes. En español existen varias fórmulas para hacer comparaciones.

Paso 1. Lee las siguientes oraciones, atendiendo a las diferentes fórmulas.

1. Adjetivos, adverbios o sustantivos: El poema de García Lorca es **más** interesante **que** el "Romance del prisionero".
2. Adjetivos, adverbios o sustantivos: La carta de Martí es **menos** larga **que** las cartas que yo escribo.
3. Adjetivos o adverbios: ¿Es el texto de Ribeyro **tan** famoso **como** el de Parra?
4. Sustantivos: Sandra Cisneros usa **tantas** metáforas **como** Jodorowsky.
5. Verbos: Darío publicó **más que** García Lorca.
6. Verbos: Maricusa escribe **menos que** Martí.
7. Verbos: Los aeroplanos sufren accidentes **tanto como** los coches.

Paso 2. Ahora escribe oraciones con los siguientes elementos, usando las fórmulas apropiadas.

MODELO: la torre de Pisa / la torre Eiffel / inclinarse → La torre de Pisa se inclina más que la torre Eiffel.

1. una lámpara / una linterna / alumbrar
2. una cantante de ópera / una piedra / quebrar los cristales
3. los sonidos de un tambor / los sonidos de una sirena / vibrar
4. un pájaro / un cometa / volar rápido
5. los muros / los techos / proteger una casa
6. un ventilador (*fan*) / el viento / mover las cortinas

D. Metáforas y símiles. Hay dos maneras comunes de hacer comparaciones poéticas: a través de *símiles* o comparaciones explícitas (usando la palabra "como"; por ejemplo, "su sonrisa brillaba como el sol") y a través de *metáforas* o comparaciones implícitas (sin usar la palabra "como"; por ejemplo, "el sol de su sonrisa"). Ahora inténtalo tú. Inventa algunos símiles y sus metáforas equivalentes usando las listas de palabras de las Actividades A, B y C.

símil *m.* o **analogía** *f.* recurso poético que consiste en comparar dos cosas aparentemente incompatibles

Símiles	Metáforas
1. _____	_____
2. _____	_____
3. _____	_____
4. _____	_____
5. _____	_____

☀ ☀ ☀ ☀ ☀

Aeroplano

Una cruz
    se ha venido al suelo

Un grito quebró las ventanas
Y todos se inclinan
      sobre el último aeroplano

El viento
    que había limpiado el aire
Naufragó en las primeras olas
La vibración
        persiste aun
    sobre las nubes

Y el tambor
    llama a alguien
Que nadie conoce
Palabras
    tras los árboles
La linterna que alguien agitaba
      era una bandera

Alumbra tanto como el sol
Pero los gritos que atraviesan los techos
                          no son de rebeldía

A pesar de los muros que sepultan

LA CRUZ DEL SUR

Es el único avión
                    que subsiste

 encabalgamiento *m.* prolongación de una misma frase o idea en dos o más versos

LEYENDO EL TEXTO

A. ¿Dónde se dice que... ? Copia los versos del poema en los que se dice lo siguiente.

verso(s)

1. Un avión se cayó. _____

2. Alguien grita. _____

3. La vibración del avión se siente en el aire. _____

4. Alguien llevaba un objeto que parecía una bandera. _____

5. La gente grita, pero no en protesta. _____

6. El avión está atrapado entre paredes. _____

B. Secciones y títulos. Divide el poema en secciones y dale a cada sección uno de los siguientes títulos, según sea apropiado.

1. El momento del choque
2. La escena inmediatamente después del impacto
3. Las reacciones de la gente
4. La reflexión

A PARTIR DE LA LECTURA

A. Las circunstancias. ¿Bajo qué circunstancias crees que sucedió este choque? ¿Te recuerda a algún accidente aéreo de la realidad? Si es así, describe el incidente real en cinco o seis oraciones.

B. Versos enigmáticos. Como poeta *creacionista*, Huidobro crea su realidad con imágenes; por eso algunos versos son difíciles de comprender. ¿Cómo explicas los siguientes versos? Compara tus interpretaciones con las de un compañero / una compañera de clase.

1. "El viento... / Naufragó en las primeras olas"
2. "Y el tambor / llama a alguien / Que nadie conoce"
3. "Palabras / tras los árboles"
4. "Pero los gritos que atraviesan los techos / no son de rebeldía"
5. Otro verso enigmático: _____

C. Mi reacción. ¿Qué emociones te produce este poema? ¿Por qué? Describe tus emociones en dos o tres oraciones.

D. Símiles y metáforas. ¿Qué símiles y metáforas del poema te llaman la atención? Comparte tus observaciones con la clase.

E. Los últimos versos. ¿Por qué se dice que este aeroplano es el único que subsiste? ¿Encuentras alguna contradicción en estos versos? Explica brevemente tu respuesta.

F. El verso libre. El verso libre le permite a Huidobro experimentar con la estructura del verso; en "Aeroplano", por ejemplo, la organización gráfica quiebra los versos. ¿Qué efecto produce en ti esta ruptura (*break*)? ¿Te ayuda a comprender mejor el poema? ¿Es una distracción? ¿Sugiere conexiones?

G. Recitando el poema. Lee el poema en voz alta, atendiendo a la pronunciación, pausando apropiadamente y comunicando el tono que te parezca justo. Si puedes, memoriza el poema y recítalo delante de la clase.

INTERACCIONES

A. ¿Qué sucedió? Imagínate que un(a) periodista quiere entrevistar a los / las testigos del accidente aéreo. Trabajando en grupos de tres estudiantes, hagan el papel del / de la periodista y de los/las testigos para recrear la entrevista. Cada testigo debe tener un punto de vista diferente.

B. *In memoriam.* Trabajando con una pareja o en grupos pequeños, preparen una ceremonia en honor a los pasajeros (*passengers*) caídos en el aeroplano. Representen la ceremonia ante la clase.

A ESCRIBIR

A. Artículo periodístico. Imagínate que eres el/la periodista a cargo de (*in charge of*) la noticia del incidente de "Aeroplano". Escribe un artículo para tus lectores, incluyendo respuestas a cinco (o más) de las siguientes preguntas.

- ¿Qué sucedió?
- ¿Cuándo?
- ¿Dónde?
- ¿Quiénes vieron lo que pasó?
- ¿Quiénes estaban en el avión?
- ¿Cuántos sufrieron daños (*injuries*)?
- ¿Por qué sucedió el accidente?

B. Una descripción de la escena. Imagínate que ayer sucedió el accidente y que tú fuiste testigo. Escribe tus impresiones en tu diario. Describe la escena, incluyendo la siguiente información.

- el lugar donde cayó el avión
- el aspecto del avión, visto de cerca
- las casas vecinas
- el ambiente: el aire, el cielo, los árboles, el mar, los animales
- el aspecto de la escena, vista de lejos

C. Un enigma. El poema deja a los lectores / las lectoras con muchas incógnitas (*unanswered questions*). Por eso decides pedir fondos (*funding*) para investigar el misterio. Escribe una propuesta (*proposal*) de cincuenta a setenta y cinco palabras. Incluye la siguiente información.

- un resumen muy breve del incidente del aeroplano
- un aspecto misterioso del caso
- por qué crees tú que es importante clarificar este misterio
- cómo piensas investigar el misterio
- qué necesitas para realizar tu investigación

Tercera etapa

Una niña mala

Sobre la autora

Born in Barcelona, Spain, Colombian writer **MONSERRAT ORDÓÑEZ VILÁ** was only 50 years old when she died in 2001. Having obtained her doctorate in Comparative Literature from the University of Wisconsin, she was a professor at the Universidad de Los Andes in Bogotá, Colombia, and held visiting professor appointments in Great Britain, Germany, and the United States. She was a poet, translator, editor, and essayist, and she published numerous articles on Latin American literature in major national and international journals. Among her publications are the book of poems *Ekdysis* and a compilation of critical essays on *La vorágine,* by José Eustasio Rivera. On the topic of self expression through writing, Ordónez Vilá asserted several years ago: "Those of us who want to continue living with words, should now, already, keep quiet and go to our possible or impossible nook and write, write in order to be able to die in peace."

ANTES DE EMPEZAR

Palabras y expresiones

suspirar	to sigh
el alarido	howl, scream
marearse	to get carsick
dar una vuelta	to go for a ride
tragar	to swallow
cuando me dé la gana	when it suits me
el sudor	sweat
el trago	alcoholic drink
ahogarse	to choke
cobarde	coward
aullar	to howl
donde le provoque	where it suits her
la coronilla	crown of the head
aterrado	terrified
sacudirse	to shake oneself
no me paren bolas	don't pester me
destapar	to uncover
colarse	to sneak in
van a lo suyo	they do their own thing
enroscarse	to curl up
relamerse	to lick one's lips
el aliento	breath

A. Una niña mala. Es común escuchar la frase "una niña mala" para referirse a una criatura (*child*) desobediente. En tu opinión, ¿cuáles de las siguientes acciones podrían atribuirse a "una niña mala"? Marca tus respuestas con una X.

a. _____ No lava nunca los platos sucios.

b. _____ No hace su cama por la mañana.

c. _____ Nada la asusta (*frightens her*).

d. _____ Come lo que quiere, no lo que le ordenan comer.

92 *Monserrat Ordóñez Vilá*

e. _____ Se escapa (*She runs away*) de su casa.

f. _____ Baila con los gatos junto a una hoguera (*bonfire*).

g. _____ Se acuesta con la ropa sucia puesta.

h. _____ No saluda a la gente.

i. _____ Prefiere estar sola.

B. Más maldades (*wickedness*).

¿Qué otras cosas puede hacer (o negarse a hacer) una niña para que la califiquen de (*they call her*) "mala"? Escribe tres ejemplos adicionales.

C. Opiniones.

Contesten en parejas las siguientes preguntas.

1. ¿Es bueno que los niños hagan todo lo que quieren? ¿Es bueno que no hagan todo lo que no quieren hacer? ¿Por qué?
2. En tu opinión, ¿qué formas aceptables de rebelión —reales o imaginarias— tiene en su poder una niña o un niño?

D. Lo que hará o no hará la niña mala.

Une las palabras para escribir oraciones completas, haciendo los cambios necesarios. Emplea los verbos en el futuro.

MODELO: niña mala / no estudiar → La niña mala no estudiará.

1. niña mala / acostarse / ropa / sucio
2. no dejarse / hacer / trenzas (*braids*)
3. gritar / y / dar / alaridos
4. subirse / armarios

E. ¿Qué quieren decir?

Paso 1.   Una de las estrategias para determinar el significado de las palabras que no conoces es analizar el contexto en que aparece la palabra. Deduce el significado de las siguientes palabras subrayadas, según los respectivos contextos.

1. "No voy a explicarle las tareas a nadie, ni a <u>tender</u> la cama."
2. "Me acostaré con la ropa sucia puesta, y <u>roncaré</u> hasta despertar a toda la familia."
3. "Una niña mojada, los pies húmedos en un <u>charco</u> de lágrimas (*tears*) "
4. "Es tarde y la niña buena, sin una lágrima, <u>se acurruca</u> y se duerme."

Paso 2.   Ahora compara tus definiciones con las de otros compañeros/as, para ver si coinciden.

Una niña mala

Her power is her own.
She will not give it away.
—Sandra Cisneros
The House on Mango Street

Quiero ser una niña mala y no lavar nunca los platos y escaparme de casa. No voy a explicarle las tareas a nadie, ni a tender la cama. No quiero esperar en el balcón, suspirando y aguantando lágrimas, la llegada de papá. Ni con mamá ni con nadie. Cuando sea una niña mala gritaré, lloraré dando alaridos hasta que la casa se caiga. Cuando sea una niña mala no voy a volver a marearme y a vomitar. Porque no voy a subir al auto que no quiero, para dar las vueltas y los paseos que no quiero, ni voy a comer lo que no quiero, ni a temer que alguien diga si vomitas te lo tragas, pero a papá no se lo hacen tragar. Yo voy a ser una niña mala y sólo voy a vomitar cuando me dé la gana, no cuando me obliguen a comer.

Llegaré con rastros[a] de lápiz rojo en la camisa, oleré a sudor y a trago y me acostaré con la ropa sucia puesta, y roncaré hasta despertar a toda la familia. Todos despiertos, cada uno callado en su rincón, respirando miedo. Quiero ser el ogro y comerme a todos los niños, especialmente a los que no duermen mientras yo ronco y me ahogo. Porque los niños cobardes me irritan. Quiero niños malos, y quiero una niña mala que no se asusta por nada. No le importa ni la pintura ni la sangre, prefiere las piedras al pan para dejar su rastro, y aúlla con las estrellas y baila con su gato junto a la hoguera. Ésa es la niña que voy a ser. Una niña valiente que puede abrir y cerrar la puerta, abrir y cerrar la boca. Decir que sí y decir que no cuando le venga en gana, y saber cuándo le da la gana. Una niña mojada, los pies húmedos en un charco de lágrimas, los ojos de fuego.

La niña mala no tendrá que hacer visitas ni saludar, pie atrás y reverencia, ni sentarse con la falda extendida, las manos quietas, sin cruzar las piernas. Las cruzará, el tobillo[b] sobre la rodilla, y las abrirá, el ángulo de más de noventa, la cabeza alta y la espalda ancha y larga, y se tocará donde le provoque. No volverá a hacer tareas, ni a llevar maleta, ni a dejarse hacer las trenzas, a tirones,[c] cada madrugada, entre el huevo y el café. Nadie le pondrá lazos en la coronilla ni le tomarán fotos aterradas. Tendrá pelo de loba y se sacudirá desde las orejas hasta la cola antes de enfrentarse al bosque.

[a] *traces* [b] *ankle* [c] *tugs*

No me paren bolas, gritará la niña mala que quiere estar sola. No me miren. No me toquen. Sola, solita, se subirá con el gato a sillas y armarios, destapará cajas y bajará libros de estantes prohibidos. Cuando tenga su casa y cierre la puerta, no entrará el hambre del alma, ni los monos amaestrados,[d] ni curas[e] ni monjas.[f] El aire de la tarde la envolverá en sol transparente. Las palomas[g] y las mirlas[h] saltarán en el techo y las terrazas, y las plumas la esperarán en los rincones más secretos y se confundirán con los lápices y las almohadas. Se colarán gatos y ladrones y tal vez alguna rata, por error, porque sí, porque van a lo suyo, de paso, y no saben de niñitas, ni buenas ni malas. Armará una cueva[i] para aullar y para reír. Para jugar y bailar y enroscarse. Para relamerse.

Ahora el balcón ya está cerrado. El gato todavía recorre y revisa los alientos. Es tarde y la niña buena, sin una lágrima, se acurruca y se duerme.

[d] *tamed*   [e] *priests*   [f] *nuns*   [g] *doves*   [h] *blackbirds*   [i] *cave*

✸ ✸ ✸ ✸ ✸

LEYENDO EL TEXTO

A. Parecidas, pero diferentes

Paso 1.   Busca en los primeros dos párrafos las frases en las que aparezca la palabra *gana*. Escríbelas.

1. "cuando me _____"
2. "cuando le _____"
3. "cuándo le _____"

Paso 2.   Aunque las frases "dar la gana" y "venir en gana" tienen un significado parecido al de "tener ganas", las primeras dos frases se emplean en situaciones más coloquiales y son a veces desafiante (*defiant*). La frase "tener ganas" es más cordial y, por lo tanto (*therefore*), más aceptada.

Determina qué frase podría emplear la niña en las siguientes situaciones.

1. Se enoja con su mejor amiga y le dice que no quiere ir de paseo con ella.
2. Su mamá le pide que la acompañe a hacer compras. Ella está muy cansada y le dice que no quiere acompañarla.
3. Su hermano le pide un vaso de agua y ella le dice que no quiere traerlo.

B. El tiempo verbal y su significado. Contesta las siguientes preguntas.

1. ¿Qué tiempo verbal predomina en el relato?
2. ¿Qué tiempo verbal se emplea en el último párrafo? ¿Qué significado tiene el cambio de tiempo verbal?
3. ¿Cómo interpretas la última oración del texto?

C. La voz narrativa y su significado. El término *voz narrativa* se refiere a la persona que relata la acción. ¿Está el texto narrado en la primera, segunda o tercera persona?

Es importante analizar la voz narrativa en "La niña mala" para entender bien el relato. Contesta las siguientes preguntas.

1. ¿Qué persona gramatical se usa en los primeros dos párrafos?
2. ¿Qué personas gramaticales se usan en los dos párrafos siguientes?
3. ¿Qué persona gramatical se usa en el último párrafo?
4. ¿Cómo explicas el cambio de persona gramatical? ¿Qué función o significado puede tener?

D. Mala y valiente. En el segundo párrafo se emplea el adjetivo *valiente* para calificar a la niña. En tu opinión, ¿hay equivalencias entre el adjetivo *mala* y el adjetivo *valiente*? ¿En qué sentido son o no son equivalentes? Justifica tus respuestas.

E. Antónimos. Así como *mala* es el antónimo de *buena,* ¿cuáles son los antónimos de las siguientes palabras? Todos aparecen en el relato.

1. me levantaré
2. dormidos
3. abrir

4. bajarse
5. tapará
6. llorar

A PARTIR DE LA LECTURA

 epígrafe *m.* cita de un autor / una autora que sirve como introducción a un texto

A. ¿Cómo se explica el epígrafe? El relato de Ordóñez abre con un epígrafe del libro *The House on Mango Street,* de Sandra Cisneros. ¿Por qué crees que Ordóñez se inspira en estas oraciones de Cisneros? ¿A qué poder se refiere el epígrafe?

B. Los cuentos infantiles

Paso 1. En el relato hay varias referencias a cuentos infantiles populares. Trabajando en grupos pequeños, determinen con qué cuentos se asocian las siguientes frases.

1. "prefiere las piedras al pan para dejar su rastro"
2. "Tendrá pelo de loba y se sacudirá desde las orejas hasta la cola antes de enfrentarse al bosque."

Paso 2. Por lo general, las niñas de los cuentos infantiles no salen victoriosas cuando se enfrentan solas a un peligro, sino que dependen de un héroe que las salve (*saves them*). ¿Cómo contradicen esta idea las dos frases citadas en el Paso 1?

C. El gato. Frecuentemente se les atribuye a los animales ciertas características específicas. Por ejemplo, se dice que el perro es el mejor amigo del ser humano por su fiel compañía. ¿Qué características se le atribuyen al gato? ¿Por qué piensas que la narradora hace referencias a los gatos?

INTERACCIONES

A. Los mandatos. Imagínate una conversación entre los padres de "la niña mala" y su hija, en la que ellos le ordenan hacer ciertas cosas y le prohíben hacer otras. La niña contradice sus órdenes. Recrea la conversación con un compañero / una compañera de clase, usando mandatos afirmativos y negativos.

MODELO: PADRE / MADRE: Lava los platos.
       NIÑA: No quiero lavarlos. Prefiero jugar con mi gato.

B. No podrás salir a no ser que (*unless*)... La niña quiere salir de paseo sin haber cumplido con las reglas establecidas en su casa. Los padres de la niña hablan con ella para hacerle entender ciertas condiciones. Si éstas no se cumplen, la niña no podrá salir.

Con dos compañeros de clase, escribe y dramatiza un diálogo entre la niña y sus padres. Para las intervenciones de los padres, usen expresiones como "hasta que" (*until*), "tan pronto como" (*as soon as*), "después que", "con tal de que" (*as long as*) y "a no ser que". ¡OJO! Recuerda que el subjuntivo se usa con las expresiones anteriores cuando hay un cambio de sujeto en la cláusula secundaria y la acción no ha ocurrido todavía.

MODELO: No puedes salir de paseo a no ser que laves los platos.

C. Para expresar el futuro

Paso 1. Encuentra en el texto tres ejemplos de las dos formas de expresar el futuro en español. Escribe los ejemplos en los siguientes espacios en blanco.

	ir a + infinitivo	*el tiempo futuro*
1.	_____	_____
2.	_____	_____
3.	_____	_____

Paso 2. Con un compañero / una compañera, discute cómo van a educar a sus respectivos hijos e hijas. ¿Qué les dejarán hacer y qué van a prohibirles? Usen las dos formas de expresar el futuro. Si ya tienes hijos/hijas, discute cómo crees que ellos/ellas van a educar a tus nietos/nietas.

A ESCRIBIR

A. El deseo de rebelarse. Casi todos hemos sentido a veces el deseo de rebelarnos contra algunas reglas de los padres o de la sociedad. Piensa en algunas situaciones contra las que hayas deseado rebelarte. Luego, selecciona una de ellas y escribe algunos detalles que recuerdes sobre esa situación. Finalmente, redacta una breve composición.

B. Una sociedad ideal para las niñas. Imagínate que eres la protagonista del cuento y describe en un párrafo una sociedad ideal en la que las niñas tienen la libertad de hacer lo que quieran. Como se trata de una situación hipotética, usa el condicional.

MODELO: En una sociedad ideal, no se les obligaría a las niñas a hacer visitas si no quieren.

C. Un contrato. Imagínate que eres la niña mala. Redacta un contrato en el cual te comprometas a dejarle hacer a tu futura hija las cosas que a ti no te dejaban hacer. Puedes empezar el contrato de la siguiente manera.

Yo, _____, me comprometo solemnemente a...

Economía doméstica

Sobre la autora

ROSARIO CASTELLANOS (1925–1974) was born in Mexico City. She moved with her family to Chiapas, where she spent her childhood and adolescence divided between the world of the landowner class to which she belonged and the world of the Indians. Two themes dominate her work: the critique of racial and cultural oppression of the indigenous people of Chiapas, and the oppressed world of women in Mexico. Her impressive list of publications includes twelve books of poetry collected in *Poesía no eres tú*

(1971); three volumes of short stories, including *Álbum de familia* (1971); four collections of essays and criticism, the most famous among them *Mujer que sabe latín* (1973); and two novels, *Balún-Canán* (1957) and *Oficio de tinieblas* (1962), which have been translated into many languages. She was also a dramatist. One of her plays, *El eterno femenino* (1975), is a humorous satire exploring the many roles of women throughout Mexican history. She played many roles during her lifetime: wife, mother, intellectual, teacher, university professor, journalist, director of the Instituto Nacional Indigenista de San Cristóbal, Chiapas, and Mexican ambassador to Israel (1971–1974). She suffered a tragic accidental death by electrocution while serving this latter role in Tel Aviv. The recurrent themes in Castellano's poems are loneliness, death, frustration, injustice, discrimination, and the frailty of love. Her poems are usually autobiographical and reflect her experience as a woman. In "Economía doméstica" Castellano makes poetry out of the day-to-day events in her life, using explicit female imagery taken from unpoetic domestic events, which serve as unusual metaphors.

Palabras y expresiones

arreglar	**organizar; decorar**
el anaquel	shelf
el apartado	**la sección**
el espliego	lavender
el mantel	tablecloth
la superficie	surface
de lo que sea	of whatever
pulido/a	polished
el polvo	dust
esconder	to hide
el juramento	sworn declaration
el ansia	eagerness
desvanecerse	to disappear, vanish
el frasco	bottle
el retazo	snippet
desazonar	to cause unease
resplandecer	to shine
la regla	rule

A. El orden en la casa (o el apartamento). ¿Qué tan ordenado es el espacio en el que vives? Indica si estás de acuerdo (o no) con las siguientes oraciones (1 = máximo desacuerdo; 4 = máximo acuerdo).

1. Tengo un cajón (*drawer*) para cada cosa y cada cosa está   1 2 3 4
   en su sitio.
2. Tengo un cajón o un armario donde meto todas las cosas   1 2 3 4
   que no sé clasificar.

3. Tengo una vajilla (*china*) para cada día y otra para grandes ocasiones.   1 2 3 4

4. Mi alacena (*pantry*) huele a espliego u otro aroma agradable.   1 2 3 4

5. Mis muebles están en armonía con mi casa y conmigo mismo/a.   1 2 3 4

6. Los anaqueles de los libros guardan un orden impecable.   1 2 3 4

B. La casa (o el apartamento) y la personalidad. Contesta las siguientes preguntas.

1. ¿Cuántas habitaciones tienes?
2. ¿Qué muebles tienes en las habitaciones?
3. ¿Cómo son los muebles en tu sala?
4. ¿De qué color son las paredes?
5. ¿Has incluido muebles y colores que te gustan? ¿Qué muebles y qué colores te gustan más?
6. Por lo general, ¿qué tan ordenado es el espacio en el que vives?
7. ¿Cómo refleja el espacio en el que vives tu personalidad o la de tu familia?

C. Recursos poéticos. De entre los recursos que el/la poeta usa para expresar o comunicar sus ideas o sentimientos, el símil y la metáfora son los más comunes. Un símil es una comparación explícita que hace más comprensible lo que el/la poeta desea expresar. Una metáfora es una comparación implícita que expresa lo que el/la poeta desea comunicar de forma más original.

Escribe en un papel tres símiles sobre cualquier asunto (por ejemplo, tu amigo/a, perro, gato, auto, casa, o tu vida de estudiante, amorosa, espiritual, etcétera). Luego convierte los símiles a metáforas.

MODELO: símil → Mi vida es como el cuarto de un adolescente perezoso.
metáfora → Mi vida es una tarea perdida.

D. Un vistazo a las palabras

Paso 1. Organiza las palabras en las siguientes cuatro categorías: muebles (M), objetos domésticos (O), tareas domésticas (T) y sentimientos (S).

a.	_____ alacena	g.	_____ dolor	m.	_____ nostalgia
b.	_____ anaquel	h.	_____ felicidad	n.	_____ orgullo
c.	_____ ansia	i.	_____ frasco	o.	_____ pulir (*to polish*)
d.	_____ arreglar	j.	_____ limpiar	p.	_____ sacar el polvo
e.	_____ cajón	k.	_____ llanto	q.	_____ trebejos (*knickknacks*)
f.	_____ desazón	l.	_____ manteles	r.	_____ vajilla

Paso 2. Ahora contesta las siguientes preguntas con las palabras utilizadas en cada categoría del Paso 1.

1. ¿Qué objetos domésticos posees? ¿Cuáles no tienes?
2. ¿Qué tareas domésticas te disgustan más?
3. ¿En qué momento y bajo qué circunstancias has experimentado los sentimientos mencionados en el Paso 1?

E. El título. El título de un poema nos anuncia a veces el tema. ¿Sobre qué crees que trate "Economía doméstica"? ¿Cuál crees que sea el tema del poema?

 # Economía doméstica

He aquí la regla de oro, el secreto del orden:
tener un sitio para cada cosa
y tener
cada cosa en su sitio. Así arreglé mi casa.

Impecable anaquel el de los libros:
un apartado para las novelas,
otro para el ensayo
y la poesía en todo lo demás.

Si abres una alacena huele a espliego
y no confundirás los manteles de lino
con los que se usan cotidianamente.

Y hay también la vajilla de la gran ocasión
y la otra que se usa, se rompe, se repone
y nunca está completa.

La ropa en su cajón correspondiente
y los muebles guardando las distancias
y la composición que los hace armoniosos.

Naturalmente que la superficie
(de lo que sea) está pulida y limpia.
Y es también natural
que el polvo no se esconda en los rincones.

Pero hay algunas cosas
que provisionalmente coloqué aquí y allá
o que eché en el lugar de los trebejos.

Algunas cosas. Por ejemplo, un llanto
que no se lloró nunca;
una nostalgia de que me distraje,
un dolor, un dolor del que se borró el nombre,
un juramento no cumplido, un ansia
que se desvaneció como el perfume
de un frasco mal cerrado.

Y retazos de tiempo perdido en cualquier parte.

Esto me desazona. Siempre digo: mañana...
y luego olvido. Y muestro a las visitas,
orgullosa, una sala en la que resplandece
la regla de oro que me dio mi madre.

verso libre *m.* composición poética en la que los versos no riman los unos con los otros

LEYENDO EL TEXTO

A. ¿En qué estrofa está? Indica con números del 1 al 10 en qué estrofa se expresa cada una de las siguientes ideas.

estrofa *f.* división que regula un poema; cada párrafo en un poema

a. _____ Tenía ganas de llorar, pero no lloré.

b. _____ En mi casa no hay polvo en los rincones ni en las superficies.

c. _____ Toda la ropa tiene un cajón correspondiente.

d. _____ En mi casa tengo un lugar para cada cosa.

e. _____ Alguien me prometió algo y no lo cumplió.

f. _____ La poesía y las novelas están en distintos anaqueles.

g. _____ Mi madre me enseñó a organizar mi casa, pero no a organizar mi vida personal.

h. _____ No tengo tiempo para analizar mis emociones. Siempre digo "mañana".

i. _____ Mis muebles y mi casa están en armonía.

B. ¿Qué sugieren las palabras? Contesta las siguientes preguntas.

1. ¿Qué objetos en el poema nos indican que la voz poética pertenece a una clase social privilegiada? Menciona por lo menos cinco objetos.
2. ¿Qué palabra de la última estrofa muestra la ironía de tener una sala que resplandece y una vida sin esplendor?

A PARTIR DE LA LECTURA

A. El *se* impersonal. Una oración impersonal no tiene sujeto ni se refiere a una persona específica. El **se** impersonal precede siempre a un verbo conjugado en la tercera persona singular; por ejemplo, "Se perdió el dinero (*The money got lost*)".

¿Cuál es el significado de las siguientes expresiones y por qué crees que la voz poética las ha usado?

1. "se usa, se rompe, se repone"
2. "un llanto que no se lloró nunca"
3. "un dolor del que se borró el nombre"
4. "un ansia que se desvaneció"

B. La voz poética. Contesta las siguientes preguntas. Usa ejemplos para justificar tu opinión.

1. ¿Quién es la voz poética? ¿Es una voz poética masculina o femenina? ¿Cómo lo sabes?
2. ¿A quién le habla la voz poética? ¿Qué te hace pensar así?

C. El tono. El tono del poema se refiere a la actitud que el autor / la autora adopta en la obra. El tono puede ser serio, cómico, irónico, triste, feliz, enojado, amargo (*bitter*), nostálgico. Un tono específico puede cambiar el significado de las palabras en un poema. Vuelve a leer las últimas tres estrofas y contesta las siguientes preguntas.

1. ¿Qué cambio de tono se percibe en las últimas tres estrofas con respecto a las estrofas anteriores? ¿Es un tono más franco, íntimo, llano (*plain*), controlado, sarcástico? Proporciona ejemplos para apoyar tu opinión.
2. ¿Por qué crees que el tono cambia de pronto en el poema? ¿Qué función tiene este cambio en el efecto que produce el poema?

D. La casa y los sentimientos. Contesta las siguientes preguntas.

1. ¿Cuál es la semejanza (*similarity*) entre lo que hace la voz poética con la casa, los cajones y la alacena, y lo que hace con sus sentimientos?
2. ¿Por qué crees que ha escondido, postergado o disfrazado sus emociones?
3. ¿Crees que se trata de una actitud más típica de mujeres que de hombres? ¿Por qué?

E. La mujer de antes y de hoy. Con toda la clase, compara el papel de la mujer durante los años 60 y 70 (cuando las mujeres de la generación de Rosario Castellanos tenían que cumplir con el papel de amas de casa, madres, esposas y mujeres profesionales) con el de la mujer contemporánea. ¿Ha cambiado su situación o sigue igual? Justifica tus opiniones con ejemplos.

INTERACCIONES

A. Recitación del poema. Lee o memoriza el poema para recitarlo ante la clase. Emplea el tono que creas apropiado.

B. La discreción. La voz poética ha ocultado al mundo sus verdaderos sentimientos. Ha fingido que todo en su vida está en orden, como su casa, cuando en realidad sus sentimientos son conflictivos. ¿Conoces a alguien que sea como la voz poética? Describe a esa persona, teniendo en cuenta los siguientes detalles.

- ¿Quién es y cómo se comporta?
- ¿Cómo sabes que no dice lo que verdaderamente piensa o siente?

- ¿Crees que esta persona sufre más que los demás, o es tan feliz como cualquiera?
- ¿Qué crees que ocurre al final con las personas que son discretas con sus sentimientos?

A ESCRIBIR

A. El obituario de la poeta. El poema de Castellanos es posiblemente autobiográfico. Usando la información del poema y los datos biográficos de la página 99, escribe el obituario de la poeta en uno o dos párrafos. Describe su casa, la clase social a la que pertenecía y las características de su personalidad, sus circunstancias y su poesía. Menciona también sus diferentes ocupaciones, sus obras literarias y las circunstancias de su muerte.

B. Mi personalidad secreta. Escribe uno o dos párrafos para describir cómo te proyectas hacia el mundo y qué rasgos de tu personalidad guardas en secreto. Explica también por qué prefieres mostrar sólo una parte tuya. Usa las siguientes preguntas como guía.

- ¿Cómo te comportas como hijo/hija? ¿Cómo eres como estudiante? ¿Cómo te describirían tus amigos y amigas? ¿Qué piensan de ti tus profesores/profesoras?
- ¿Qué virtudes y qué defectos prefieres mantener en secreto? ¿Por qué?
- ¿Eres la misma persona en todas tus relaciones o modificas tu personalidad de acuerdo con las circunstancias?

C. Carta póstuma a la poeta. Escríbele una carta póstuma a Rosario Castellanos. Explícale cómo el mundo y la posición de la mujer han cambiado desde los años 60 y 70. Compara la vida doméstica de su época con la contemporánea. Puedes también opinar acerca de su contribución al progreso y al adelanto de la situación de la mujer.

D. El poema en prosa. Re-escribe el poema "Economía domestica", como si fuera (*as if it were*) un relato en prosa. Escríbelo en la primera persona, pero describiendo la casa, la vida y los sentimientos de la poeta.

La Cucarachita Martina

Sobre la autora

ROSARIO FERRÉ was born in Ponce, Puerto Rico, in 1938, into the island's land-owning and political elites. She has published extensively as a poet, short story writer, essayist, biographer, and novelist. Ferré earned a BA from Manhattanville College, New York, an MA from the University of Puerto Rico, and received her PhD from the University of Maryland in 1986. She has resided in her native Ponce since 1987. *Papeles de Pandora* (1976), a collection of short stories and poetry, proclaimed her as a serious feminist writer. The exploration of the woman's condition in a male-dominated society as well as a concern for the reality of Puerto Rico's past and present are themes that define her work. Her book *Sitio a Eros* (1980) is a collection of essays about great women writers from Europe and the Americas. Among the works that brought her fame both in and out of Puerto Rico are *Fábulas de la garza desangrada* (1981), *Maldito amor* (1986)—translated by the author as *Sweet Diamond Dust* (1988)—and *The House in the Lagoon* (1995), a National Book Award finalist, written originally in English. To document children's stories taken from Puerto Rican folklore, she wrote three collections: *El medio pollito* (1978), *Los cuentos de Juan Bobo* (1980), and *La mona que le pisaron la cola* (1981), in which "La Cucarachita Martina" is one of the selections. Part of the plot for this fable was taken from a children's story and part from a song whose title, "El Ratoncito Pérez," refers to the unfortunate husband-to-be who falls victim to his own gluttony. These "children's stories" mask an underlying intent that has provoked debate among critics. Nevertheless, Ferré's strong feminist sentiments are clear in la Cucarachita herself, who appears as an antihero in a feminist morality tale.

Palabras y expresiones

el chavito	a penny
no me conviene	it doesn't suit me
ataviarse	**vestirse**
empolvarse	to put on makeup
atusarse	to run one's fingers through
maullar	to miaow
erguir	to prick up
orondo/a	self-satisfied
cardinalicio/a	cardinal-like
disimular	to pretend
el desaire	snub, slight
la crianza	**la educación**
susurrar	to whisper
primorosamente	delicately, with attention to detail
exprimir	to squeeze
engalanarse	to dress up
goloso/a	fond of sweet things
arrimar	to bring closer
alcanzar	to reach
alargar	to stretch
lamentarse	to moan
husmear	to sniff
el luto	mourning
el cuatro	small guitar with only four strings
el ropero	closet

fábula *f.* relato que utiliza animales como personajes y ofrece, por medio del ejemplo, una enseñanza o recomendación moral

A. La fábula. Las fábulas reflejan defectos de los seres humanos, como la arrogancia, la pereza (*sloth*) o la glotonería (*gluttony*). En la cultura occidental, las fábulas de Esopo —"La zorra y las uvas", "La liebre y la tortuga" y "El ratón campestre y el ratón cortesano", entre otras— son las más famosas.

¿Recuerdas alguna fábula? En tus propias palabras, relata ante la clase tu fábula favorita. Explica qué defecto humano representa y cuál es su enseñanza.

B. Ventajas y desventajas de la vida en pareja. En grupos pequeños, discutan las ventajas y desventajas de la vida en pareja. Expresen su opinión usando las frases "yo creo que... ", "detesto... ", "odio... ", "me parece que... ", "opino que... ", "(no) me gustaría... ". Pueden usar las siguientes preguntas como guía.

1. ¿Qué te parece mejor: la vida de soltero/a o la vida en pareja?
2. ¿Compartes la idea de que la mujer o el hombre debe casarse para sentirse realizado/a (*fulfilled*)?
3. ¿Crees que las personas que viven en pareja deben compartir todo el trabajo doméstico, como la limpieza, la cocina y el cuidado de los niños?
4. En tu opinión, ¿hay diferencias entre las relaciones de pareja de las mujeres educadas en colegios y universidades y las relaciones de las mujeres de clases menos privilegiadas? ¿Cuáles? Justifica tu respuesta con ejemplos.

C. Los verbos reflexivos

Paso 1. Las construcciones reflexivas se emplean más en español que en inglés. Algunas expresiones reflexivas traducidas al inglés incluyen el sufijo *self* (como en *rascarse* [*to scratch oneself*]). Otras incluyen el verbo *to get* (por ejemplo, *acercarse* [*to get closer*], *casarse* [*to get married*]) o un adverbio como *down, on, out, off, away, up, over* (por ejemplo, *caerse* [*to fall down*]; *recostarse* [*to lean on*]; *acabarse* [*to run out of*]; *quitarse* [*to take off*]; *alejarse* [*to go away*]; *subirse* [*to climb up*]).

A veces existe una diferencia sutil (*subtle*) entre el uso reflexivo y el uso no reflexivo de un verbo. El uso reflexivo puede indicar mayor participación por parte del sujeto y comunica un tono más coloquial o informal; por ejemplo: "Podría comerme un dulce" (*I could eat **up** some candy*). Algunas palabras también cambian de significado en el reflexivo o cuando al reflexivo se le añade (*is added*) una preposición o un pronombre. Lee los siguientes ejemplos de la siguiente página.

enterar	to inform	enterarse	to find out
hacer	to do	hacerse	to become
ir	to go	irse	to go away
meter	to put	meterse (en)	to get (into)
ocurrir	to happen	ocurrírsele	to come to mind
pasar	to occur	pasársela	to spend time
ponerse	to put on	ponerse a + *inf.*	to begin to (do something)

Paso 2.   Lee en voz alta las siguientes oraciones y discute con el resto de la clase las implicaciones de los verbos o expresiones subrayados.

1. Pensó y pensó, pero no <u>se le ocurrió</u> nada.
2. En cuanto <u>me lo coma, se me acaba</u>.
3. Susurró (*Whispered*) para que los vecinos <u>no se enteraran</u>.
4. <u>Se estaba haciendo</u> tarde.
5. <u>Se la pasaba</u> buscando qué comer.
6. "Podría <u>comprarme</u> un dulce", <u>se dijo</u>.
7. No <u>te metas</u> en problemas.
8. <u>Se fue</u> a su cuarto.
9. <u>Se quitó</u> su traje de novia y <u>se vistió</u> de luto.
10. <u>Se puso a</u> cantar.

D. La rutina diaria de Martina. ¿Pretérito o imperfecto? Subraya el tiempo verbal apropiado.

La Cucarachita Martina (barrió) (barría) su casa y su balcón todas las mañanas. A veces (se despeinó) (se despeinaba) cuando estaba barriendo.

Todas las tardes Martina (se despertó) (se despertaba) y (se sentó) (se sentaba) en su balcón. Un día (se encontró) (se encontraba) una moneda, (se fue) (se iba) a la tienda y (se compró) (se compraba) polvo. Luego (se puso) (se ponía) su mejor vestido y (se sentó) (se sentaba) en su balcón. El Señor Gato (se acercó) (se acercaba) y le (preguntó) (preguntaba) si le gustaría casarse con él. La Cucarachita (se asustó) (se asustaba) y le (dijo) (decía): "Váyase, porque me asusta".

 prosopopeya *f.* recurso literario que consiste en atribuir características humanas a los animales o a objetos inanimados

La Cucarachita Martina

Había una vez y dos son cuatro, una cucarachita que era muy limpia y que tenía su casa muy aseada.[a] Un día se puso a barrer el balcón y luego siguió barriendo la escalera y luego, con el mismo ímpetu[b] que llevaba, siguió barriendo la acera. De pronto vio algo en el piso que le llamó la atención y se inclinó[c] para recogerlo. Cuando lo tuvo en la palma de la mano vio que era algo muy sucio, pero después de brillarlo[d] y brillarlo con la punta de su delantal,[e] descubrió que era una moneda.

—¡Ay, pero si es un chavito!, —dijo— ¿qué podré comprarme con un chavito?

Apoyada en el mango[f] de su escoba pensó y pensó sin ocurrírsele nada hasta que por fin se cansó, guardó la escoba detrás de la puerta, se quitó el delantal y se fue a dormir la siesta. Cuando se despertó, se sentó en el balcón a coger fresco[g] y siguió pensando qué era lo que más le gustaría comprarse con su chavito nuevo.

—Podría comprarme un chavo de dulce, —dijo— pero eso no me conviene, porque en cuanto me lo coma se me acaba. Podría comprarme un chavo de cinta[h] color guayaba para hacerme un lazo... pero eso tampoco me conviene, porque cuando me acueste a dormir se me acaba. ¡Ay, ya sé, ya sé! Me compraré un chavito de polvo,[i] para que San Antonio me ayude a buscar novio!

Y dicho y hecho, se fue corriendo a la tienda y se compró un chavito de polvo. Cuando regresó a su casa se atavió con su mejor vestido, se empolvó todita todita y se sentó en el balcón de su casa para ver pasar a la gente.

Al rato atravesó la calle el Señor Gato, muy elegante, vestido todo de negro porque iba camino de unas bodas. Cuando la vio tan bonita el Señor Gato se acercó al balcón y, recostándose sobre los balaustres, se atusó los bigotes frente a todo el mundo con un gesto muy aristocrático y dijo:

—¡Buenos días, Cucarachita Martina! ¡Qué elegante está usted hoy! ¿No le gustaría casarse conmigo?

— Quizá, —contestó la Cucarachita— pero primero tiene usted que decirme cómo hará en nuestra noche de bodas.

—¡Por supuesto, Cucarachita! ¡Eso es muy fácil! ¡En nuestra noche de bodas yo maullaré ¡MIAOUU, MARRAOUMAU, MIAOUU, MIAOUU-MIAOUU! ¡Yo mando aquí y arroz con melao!

---

[a] *tidy*   [b] *ardor*   [c] *se... reached over*   [d] *polishing it*   [e] *apron*   [f] *handle*   [g] *coger... breathe fresh air*
[h] *ribbon*   [i] *makeup*

—¡Ay no, por favor, Señor Gato! ¡Váyase, váyase lejos de aquí! ¡Eso sí que no, porque me asusta!

Y el Señor Gato salió corriendo. Cruzó entonces la calle el Señor Perro, muy petrimetre,[j] con su abrigo acabadito de lustrar porque iba caminando a un bautizo. Viéndola tan bonita, se arrimó a los balaustres del balcón y se rascó contra ellos varias veces las espaldas. Irguió entonces las orejas con pretensión, como si fuese[k] un perro de casta,[l] y dijo:

—¡Muy buenos días, Cucarachita Martina! ¡Pero qué reguapa está usted hoy! ¿Por qué no se casa conmigo?

—Puede ser, le contestó la Cucarachita, pero primero tiene usted que decirme cómo hará en nuestra noche de bodas.

—¡Cómo no, Cucarachita! ¡Enseguida le enseño! En nuestra noche de bodas yo aullaré: ¡JAUJAUJAUJAUJAUJAUJAUJAU! ¡Aquí mando yo y arroz mampostiao!

—¡Ay no, no, por favor, Señor Perro! Aléjese, aléjese de mi lado. Es usted muy chabacano[m] y además, con tanto ruido me va a despertar a mis hijitos.

Pasó entonces por la calle el Señor Gallo, muy orondo con su traje de plumas amarillas porque iba camino de unas fiestas patronales. Cuando la vio tan bonita se acercó al balcón y, moviendo la cresta cardinalicia con arrogancia, sacó pecho en plena calle y dijo:

—¡Buenos días, Cucarachita Martina! ¡Pero qué bonita está usted hoy! ¿Por qué no se casa conmigo?

—A lo mejor, le contestó la Cucarachita, pero primero tiene usted que decirme cómo hará en nuestra noche de bodas.

—¡Claro que se lo diré, Cucarachita! ¡Sin ningún problema! En nuestra noche de bodas yo cantaré ¡KIKIRIKÍÍÍ, yo mando aquííí! ¡KOKORO-KÓÓÓÓ, aquí mando yooo!

—¡Ay no, no, no, por favor, Señor Gallo! ¡Apártese, apártese de mi lado! ¡Eso no puede ser! Es usted muy indiscreto, y además, hace tanto ruido que, en la mañanita, no me dejará dormir!

Y el Señor Gallo se alejó con la cresta muy alta, disimulando el desaire.

Se estaba haciendo tarde y ya la Cucarachita se disponía a entrar de nuevo a su casa, cuando a lo lejos vio venir al Ratoncito Pérez por la calle. Se había vestido con su camisa más limpia y en la cabeza llevaba un sombrero de paja[n] adornado con una pequeña pluma[o] roja. La Cucarachita se volvió a sentar en el sillón y se acomodó cuidadosamente los pliegues[p] del vestido. Cuando el Ratoncito Pérez llegó frente a ella, se quitó el sombrero y, haciéndole una profunda reverencia, le dijo:

—¡Buenos días, Cucarachita Martina! ¡Qué tarde tan agradable hace hoy! ¿No le gustaría salir conmigo a dar un paseo?

[j]*elegant*   [k]*como... as if he were*   [l]*de... pedigreed*   [m]*vulgar*   [n]*hay*   [o]*feather*   [p]*folds*

La Cucarachita le contestó que muchas gracias, que prefería seguir cogiendo fresco en su balcón, pero que si quería, podía sentarse a su lado y hacerle compañía. Entonces el Ratoncito Pérez subió con mucha elegancia las escaleras y, cuando estuvo junto a ella, le dijo con mucha crianza:

—Cucarachita Martina, hace tiempo que quería hacerle una pregunta. ¿Le gustaría casarse conmigo?

—A lo mejor, —le contestó la Cucarachita, disimulando una pícara^q sonrisa tras el vuelo de su abanico^r— pero primero me tiene usted que decir cómo hará en nuestra noche de bodas.

—Te diré muy pasito, ¡Chuí, Chuí, Chuí! ¡Así te quiero yo a ti! —le susurró muy discreto el Ratoncito al oído para que los vecinos no se enteraran—. Y ni tonto ni perezoso le besó respetuosamente los dedos de la mano.

—¡Ay qué lindo y qué fino! ¡Me gusta como haces, Ratoncito Pérez! Mañana mismo me casaré contigo.

Al otro día la Cucarachita Martina se levantó muy temprano, y se puso a limpiar su casa porque quería que estuviese reluciente el día de la boda. Primero barrió la sala; luego barrió el comedor y las habitaciones; luego barrió el balcón, las escaleras y la acera;^s y al final dispuso la mesa primorosamente. Después entró en la cocina, porque quería darle una sorpresa al Ratoncito Pérez. Primero lavó el arroz; luego rayó el coco y lo exprimió en un paño^t fino para sacarle la leche; luego lo echó en la olla y le añadió varios puñados^u de pasas^v un tazón de melao, un poco de jengibre,^w un poco de agua, varias rajas de canela y dos cucharadas de manteca.^x Cuando terminó colocó la olla sobre las tres piedras del fogón^y y lo puso todo a hervir. Entonces se fue a su cuarto, para engalanarse con su traje de novia.

Pero héte aquí^z que la Cucarachita Martina no sabía que el Ratoncito Pérez, además de ser muy fino, era también muy goloso y se la pasaba siempre buscando qué comer. No bien hubo ella salido por la puerta de la cocina, el Ratoncito se acercó al fogón. De la olla salía un aroma delicioso que lo envolvía como en un sueño de gloria, haciéndole la boca agua. Como no podía ver qué era lo que había adentro, arrimó un banquillo y, subiéndose de un salto, logró alcanzar el borde de la olla. Comenzó entonces a columpiarse sobre ella de extremo a extremo, intentando descubrir a qué sabía tan suculento manjar.^{aa} Por fin, alargando la uña de una pata, alcanzó una rajita de canela. "Una sola tiradita y será mía", se dijo. Tiró una vez, pero la raja estaba bien caliente y se había quedado pegada a la melcocha^{bb} del arroz. Intentó una segunda vez y la raja se movió un poquito. Tiró con más brío y logró por fin desprenderla, pero mareado por el dulce olor a manjares de bodas, perdió el balance y dio consigo al fondo de la olla.

^q *naughty*   ^r *fan*   ^s *sidewalk*   ^t *cloth*   ^u *handfuls*   ^v *raisins*   ^w *ginger*   ^x *lard*   ^y *burner*
^z *héte... here it is*   ^{aa} *delicacy*   ^{bb} *molasses*

Un poquitito después, la Cucarachita Martina volvió a la cocina a revolver el arroz con su larga cuchara de palo. Cuando vio que el Ratoncito Pérez se había caído en la olla, comenzó a lamentarse desconsolada:[cc]

—¡Ay, Ratoncito Pérez, pero quién te manda a meterte en la cocina, a husmear por donde no te importa!

Como el Ratoncito Pérez nada le contestaba, la Cucarachita se fue a su cuarto, se quitó su traje de novia, se vistió de luto y, sacando su cuatro del ropero, se sentó a la puerta de su casa y se puso a cantar:

> Ratoncito Pérez se cayó en la olla,
> Cucarachita Martina lo canta y lo llora,
> ¡Lo canta y lo llora!
> ¡Lo canta y lo llora!

[cc] *heartbroken*

  onomatopeya *f.* palabra que imita un sonido; por ejemplo, aullar, maullar, susurrar

LEYENDO EL TEXTO

A. Personajes paralelos. Contesta las siguientes preguntas para encontrar los paralelismos entre los personajes del texto.

1. Aparentemente, a la Cucarachita le disgusta que el Señor Gato, el Señor Perro y el Señor Gallo sean tan ruidosos (*noisy*). ¿Qué ruido produce cada uno?
2. ¿Encuentras indicios (*signs*) de machismo en las frases de los primeros tres pretendientes (*suitors*)? ¿Cuáles?
3. ¿Qué otros defectos encuentras en el Señor Gato, el Señor Perro, el Señor Gallo y el Ratoncito Pérez?

B. El argumento. Reconstruye la fábula de la Cucarachita Martina enumerando, en orden cronológico, las siguientes oraciones. Usa números del 1 al 10.

a. _____ El Señor Gato atravesó la calle.

b. _____ "En nuestra noche de bodas yo aullaré."

c. _____ "¡Ay, pero si es un chavito!"

d. _____ Fue a la tienda y se compró un chavito de polvo.

e. _____ Irguió las orejas, como si fuese un perro de casta.

f. _____ Se sentó a cantar a la puerta de su casa.

g. _____ Cuando la Cucarachita salió de la cocina, el Ratoncito se acercó al fogón.

h. _____ La Cucarachita se vistió con su traje de novia.

i. _____ "¡Ay qué lindo y qué fino! ¡Me gusta como haces, Ratoncito Pérez!"

j. _____ Mareado, el Ratoncito perdió el balance y cayó al fondo de la olla.

A PARTIR DE LA LECTURA

A. La fábula. Además de dramatizar los defectos humanos, las fábulas suelen representar, por medio de la ironía, una trampa (*trap*) o un engaño (*deceit*). En tu opinión, ¿es el Ratoncito Pérez diferente a los otros pretendientes? ¿Qué es lo que todos los pretendientes quieren de la Cucarachita? ¿Crees que la Cucarachita se engaña a sí misma (*deceives herself*)? ¿Por qué le creyó al Ratoncito Pérez? ¿Cuál es la ironía del pasaje del arroz con dulce?

B. Las personalidades de la Cucarachita y sus pretendientes. Contesta las siguientes preguntas.

1. En tu opinión, ¿qué desea la Cucarachita? ¿Cómo piensa Martina que puede lograr sus deseos? Descríbela con uno o dos adjetivos.
2. Describe con uno o dos adjetivos al Señor Gato, al Señor Perro, al Señor Gallo y al Ratoncito Pérez.

C. ¿Obra feminista? ¿Crees que "La Cucarachita Martina" es una obra feminista? ¿Por qué? Justifica tu respuesta con ejemplos.

D. Actitudes antiguas y modernas. La sociedad ha cambiado mucho desde los años 30 o 40 en Puerto Rico, cuando la vida de la mujer era menos libre que la del hombre. Sin embargo, no han desaparecido del todo las expectativas (*expectations*) antiguas sobre el papel de la mujer en la sociedad. En tu opinión, ¿qué situaciones del texto no se ven en la sociedad actual? ¿Qué aspectos de la fábula crees que siguen ocurriendo?

INTERACCIONES

A. Otro punto de vista. Imagínate que eres un vecino / una vecina de la Cucarachita Martina y que has observado desde tu balcón todo lo que le ha ocurrido a tu vecina. Usando los tiempos pretérito e imperfecto, cuéntale a otro vecino / otra vecina la historia de la Cucarachita: cómo encontró su chavito, cómo eran los cuatro pretendientes que se le acercaron, cómo murió el Ratoncito Pérez y cuál era la situación de la protagonista al final del cuento.

B. El cuento en forma de drama. Trabajando en grupos pequeños, elaboren el cuento de la Cucarachita Martina en forma de drama para representarlo ante la clase. No olviden el papel del narrador, el Señor Gato, El Señor Perro, el Señor Gallo, el Ratoncito Pérez y la Cucarachita. Si es posible, usen el vocabulario coloquial del texto; por ejemplo, "¡Ay, pero si es un chavito!" o "¡Ay, ya sé, ya sé!".

C. Buenos consejos. Existen varios estereotipos asociados con los sexos masculino y femenino. La Cucarachita se comporta como una chica de los años 40 o 50. Con un compañero / una compañera, elabora un diálogo en el que uno/a de ustedes es la Cucarachita y el otro / la otra es un amigo / una amiga que quiere darle consejos para que modernice su forma de pensar. ¡OJO! Para convencer a la Cucarachita, es posible que necesites usar el subjuntivo. El subjuntivo se usa con las siguientes frases.

- Quiero que... , Prefiero que...
- Es imposible que... , Es ridículo que... , Es absurdo que... , Es maravilloso que... , Es una lástima que... , Es dudoso que...

A ESCRIBIR

A. Un artículo de periódico. Relata la historia de la Cucarachita Martina como si fuera (*as if it were*) un artículo para el periódico local. Escribe de 80 a 100 palabras.

B. La carta. Imagínate que eres la Cucarachita Martina. Escríbele una carta a tu amigo/a explicándole todo: el encuentro del chavito, la aparición de los cuatro pretendientes y sus respectivas personalidades, la preparación para la boda y la boda fallida (*failed*) con el Ratoncito Pérez, lo triste que te sientes y tu decisión de dejar de buscar marido para dedicarte a estudiar y mejorar tu futuro.

C. La nota social. Escribe una nota social para el periódico, anunciando la boda de la Cucarachita Martina con el Ratoncito Pérez. Luego escribe otra nota sobre la cancelación de la boda, debido a la trágica muerte del novio. Usa el pasado en ambas notas.

Oficina

Sobre la autora

Although lacking the name recognition of her fellow Argentines Jorge Luis Borges and Julio Cortázar, **GRISELDA GAMBARO** is without a doubt one of the front-rank playwrights in contemporary Latin American literature. Born in Buenos Aires in 1928 to a working-class family of Italian origin, she started writing at age 14, but her rise to prominence began in 1962 with her play *El desatino.* Since then, her country has witnessed a succession of military coups and heads of state, rigged elec-

tions, an anguishing Dirty War (La Guerra Sucia, 1976–1983), and the painful search for truth and justice in its aftermath. It is no surprise, then, that Gambaro's theater focuses on themes of power, cruelty, and violence and that she went into exile in Spain when one of her works was banned in Argentina. Distancing herself from realism and infusing her plays with elements of humor and the grotesque, she explores the relationship between victim and victimizer in rather mundane situations so as to force the audience to confront ethical issues that arise in everyday life. In Gambaro's view, passivity and abdication of responsibility make us accomplices to the aberrations of power that lead to destruction and death, but theater can spur changes in human conduct and the human condition by helping viewers sort out their ethical confusion. Gambaro, aware that Latin American theater has offered actresses few significant roles, wrote four one-act plays, *Cuatro ejercicios para actrices* (1970), in which actresses take center stage. "Oficina," presented in this section, is one of these plays. Over the years, Griselda Gambaro has written over twenty plays as well as eight narrative works. She currently resides in the outskirts of Buenos Aires, and she continues to be an influential writer.

Palabras y expresiones

sigiloso/a	stealthy, reticent
ahuecado/a	hollow
blandamente	**suavemente**
en término	on time, by the due date
la miel	honey
les caigo...	I come across as . . .
despavorido/a	shocked, bewildered
¡si habré escuchado historias!	the stories I've heard!
bizco/a	cross-eyed
el desecho	scum
la mar de...	hugely
paralítico/a	handicapped
jocoso/a	playful
asombrarse	to be surprised
exánime	exhausted
suelto/a e inconsecuente	carefree and careless
por ahí...	it may be

A. Oficinistas y clientes. Casi todo el mundo tiene problemas con la burocracia. Con un compañero / una compañera, dramatiza una de las siguientes situaciones.

- Recibes un aviso de la compañía telefónica indicando que la cuenta está vencida (*due*) y si no pagas te cancelarán el servicio. ¡Pero tú ya la pagaste!
- Tuviste un accidente y fuiste rápidamente al hospital porque tienes un seguro médico excelente. Pero ahora tu seguro no quiere pagar la cuenta del hospital.
- Recibes una tarjeta de crédito que no pediste y que no quieres. No sabes cómo consiguieron tu nombre y dirección y estás furioso/a.
- La biblioteca pública te cobra una cantidad exorbitante por unos libros que tú no sacaste. La cuenta es realmente de otra persona que tiene tu mismo nombre.

- Abriste una cuenta de cheques hace dos meses, pero el banco no paga tus cheques porque dice que no reconoce tu firma. Ahora tienes muchísimas cuentas atrasadas (*outstanding*) sin pagar.
- Otra experiencia que hayas tenido con la burocracia.

B. El lenguaje corporal. El lenguaje corporal (*body language*) nos puede decir mucho sobre la actitud de un representante de servicios.

Paso 1. ¿Cuáles de los siguientes gestos (*gestures*) asocias con una actitud positiva, servicial (*helpful*) o de ayuda y cuáles asocias con una actitud negativa, hostil o de indiferencia? Marca tus opiniones con una X bajo la columna adecuada.

La empleada o el empleado...	servicial	indiferente
1. ...suspira (*sighs*) cuando le hacen una pregunta.	☐	☐
2. ...mastica (*chews*) chicle y se mira las uñas.	☐	☐
3. ...se peina mientras le hablan.	☐	☐
4. ...saluda al cliente amablemente.	☐	☐
5. ...mira al cliente con cara comprensiva.	☐	☐
6. ...se encoge de hombros (*shrugs*).	☐	☐
7. ...sonríe mucho.	☐	☐
8. ...se ríe de los clientes.	☐	☐
9. ...se descalza un pie (*takes off one shoe*).	☐	☐
10. ...se levanta y atiende al cliente enseguida.	☐	☐

Paso 2. Compara tus respuestas con las de tus compañeros/as. Explica tus respuestas al resto de la clase.

C. ¿El cliente siempre tiene la razón? Hay muchas nociones populares con respecto al mundo de los negocios y las oficinas. ¿Estás de acuerdo con ellas? Indícalo con una X bajo la columna adecuada.

	Estoy de acuerdo	Estoy en desacuerdo
1. El cliente siempre tiene la razón.	☐	☐
2. Un "buen cliente" merece un trato preferencial.	☐	☐
3. Se atiende primero al que llega primero.	☐	☐
4. Lo que importa es a quién conoces.	☐	☐
5. Las reglas se hacen para romperse.	☐	☐

D. Órdenes directas y órdenes sutiles. La manera más directa de influir en la conducta de una persona es con el uso del imperativo, pero también hay maneras más indirectas; por ejemplo, con una pregunta o con el uso del subjuntivo. Lee las siguientes oraciones y marca con una X las que contengan una orden, ya sea directa o indirecta. Después compara tus respuestas con las de tus compañeros/as y explica tus selecciones.

a. _____ Vengo para que me diga a dónde debo ir.

b. _____ Vaya al banco inmediatamente.

c. _____ No me pregunte nada.

d. _____ Mejor vuelva usted más tarde.

e. _____ Tengo prisa.

f. _____ No quiero que me pongan una multa.

g. _____ No se ponga usted impaciente. No se desanime. (*Don't be discouraged.*)

h. _____ Estoy segura de lo que le digo.

i. _____ Me dijeron que viniera (*come*).

j. _____ ¿Tiene usted un lápiz?

 sátira *f.* género dramático que censura o ridiculiza a una persona o situación

❈ ❈ ❈ ❈ ❈

 # Oficina

Una mesita con un cajón, una silla.
Actriz, como empleada de oficina y como Voz.
Las líneas del diálogo de la Voz serán dichas por la Actriz sin gestos, cortando su propia acción. La Voz pasa de un tono normal y cotidiano a otro sigiloso y como ahuecado.

Entra la Actriz, se sienta detrás de la mesita, se observa las uñas.

Voz (*neutra*): Vengo a pagar una cuenta.
Actriz (*levanta la cabeza, mira a alguien de pie, enfrente de ella. Sonríe con simpatía*): ¿Qué cuenta?

Voz: Ésta.

Actriz (mira sobre el escritorio): Está vencida.

Voz: Quiero pagarla.

Actriz (se encoge de hombros. Blandamente): ¡Páguela!

Voz: En el banco dicen que está vencida.

Actriz: Sí, no la pagó en término.

Voz: ¿Qué hago?

Actriz (suspira): Tiene que pagarla.

Voz: En el banco me dijeron que viniera aquí.

Actriz (quejándose, coqueta): ¡Debo tener miel! Se ve que les caigo simpática. ¡Eso que no me conocen!

Voz: ¿Usted qué atiende?

Actriz: ¿Yo? Cuentas atrasadas.

Voz: ¿Entonces?

Actriz: (mira sobre el escritorio): No. Esta clase no.

Voz: ¿Dónde voy?

Actriz: ¡Ah, no sé! ¡Qué pregunta! Primero tiene que pagarla.

Voz: ¿Dónde?

Actriz (ríe, muy comprensiva): En el banco.

Voz: En el banco me dijeron...

Actriz (termina): Que viniera acá. No les cuesta nada decir eso. Qué incompetentes.

Voz: ¿Qué hago?

Actriz: Vaya y páguela allá.

Voz (en un hilo):[a] No quieren cobrarme.

Actriz: ¿No? ¡Qué extraño! ¡Qué mal anda todo! Uno pensaría que recibir dinero es lo más fácil. Y no. No quieren.

Voz (despavorida): ¿Por qué?

Actriz: Sus razones tendrán. No son locos. Cada billete tiene su familia, su cuenta, su ministerio. No puede ir a otro lado. ¿Comprende? Sería una confusión. *(Mira)* ¿Por qué se pone así? ¿Quiere un café?

Voz (débil y sigilosa): No. Quiero pagar mi cuenta.

Actriz: Páguela. ¡Ah, si todos fueran como usted! La gente quiere pagar, pero no paga. Dan excusas. Así como me ve, en este escritorio, ¡si habré escuchado historias! El otro día vino uno sin una pierna y sin un brazo, bizco, todo arruinado. Un desecho. Decía que no podía pagar, no quiso por nada. No pude convencerlo. Era pobre, usó esa palabra tan poco sutil. No tenía trabajo. ¿Y por qué? ¿Qué excusa se le ocurrió? ¡Adivine!

---

[a]en... *impatiently*

¡La mar de divertida! ¡Que era paralítico! (*Ríe francamente*) ¡Me reí dos días seguidos! ¡Paralítico! (*Ríe. Se interrumpe.*) ¿Qué me mira?

Voz: (*in extremis*): ¿Cuánto debo?

Actriz (*amable*): Cómo no. (*Jocosa*) ¡Está muy apurado[b] usted! ¿Y por qué? La vida es corta. (*Mira sobre el escritorio*) Se atrasó mucho. Esto es lo que pasa con la gente, creen que el tiempo no corre. (*Calcula moviendo los labios, suma con los dedos, se descalza un pie, cuenta, asombrándose cada vez más del resultado exorbitante*) ¡Uuuuuuy!

Voz: ¿Cuánto?

Actriz (*terminante*): No. Hay un inciso allí. No me corresponde. Imposible confesar. (*Feliz*) Mejor para usted. Va a perder toda alegría. Vaya al banco.

Voz: ¿A qué?

Actriz (*marca claramente*): A que le digan dónde debe ir.

Voz: Acá me dijeron.

Actriz: Se equivocaron.

Voz: ¿Usted no sabe?

Actriz: Sí, pero no se lo puedo decir.

Voz: ¿Por qué?

Actriz: Yo sufro más que usted. No me pregunte nada. Si entrara en detalles... ¿se imagina? ¡Oh, no se ponga así! Siéntese. Charlemos.

Voz (*exánime*): No quiero charlar. Quiero pagar mi cuenta.

Actriz: ¡Ah, señor! Páguela.

Voz: ¿Dónde?

Actriz: En el banco. (*Muy suelta e inconsecuente*) Y si no es en el banco, será en otro lado. ¿Qué sé yo? ¡Hay tantos lugares! Por ahí es un banco, por ahí es acá, en un restaurante, en un archivo, ¡qué sé yo! Pero no se desanime. El mundo es un pañuelo.[c] Con decirle que ayer encontré tres veces en la misma hora a una amiga de la infancia. Y hacía veinte años que no la veía. ¡Un pañuelo! Para mí, que del banco lo mandan de nuevo hacia acá. Tiene suerte. Ya conoce el camino.

Voz (*grita*): ¡Ac-ac-ac!

Actriz (*suavemente*): ¡Sssssss! No haga escándalo. Los chicos duermen.

Voz (*despavorida*): ¿Qué chicos?

Actriz (*ofendida*): Los míos, pues. ¿De qué se asombra? ¿No tengo aspecto de madre? Me casé joven. (*Abre el cajón, sonríe maternalmente hacia abajo, murmura ¡tch, tch, tch!, cierra. Luego levanta la cabeza, busca con la mirada, perpleja*) ¿Dónde se metió? (*Se inclina con medio cuerpo sobre el escritorio. Se queda inmóvil un momento y fija los ojos sobre el piso. Di-*

---

[b] *concerned*   [c] *handkerchief*

vertida) ¿Qué le pasa? ¿Por qué se acostó? *(Observa con más atención. Muy asombrada y banal)* ¡Ah, qué rara es la gente! Morirse ahí sobre el piso. ¡Hay cada uno! ¡Después dicen que quieren pagar sus cuentas! *(Se sienta. Agraviada)* ¡Y parecía tan serio! ¡Cuánta mentira!
(Se observa las uñas, tranquilamente, feliz. Corta, mira al público. Abandona su papel y ríe, en franca complicidad)

acotación *f.* cada una de las notas que se ponen en la obra teatral para indicar la acción o el movimiento de los personajes

LEYENDO EL TEXTO

A. ¿Dónde dice... ? Señala en qué parte del texto (desde el comienzo hasta "¿Quiere un café?") sucede o se dice lo siguiente.

1. El cliente quiere pagar la cuenta.
2. El cliente no pagó la cuenta a tiempo.
3. El cliente trató de pagar la cuenta en el banco, pero no pudo.
4. La empleada no quiere aceptar el pago del cliente.
5. La empleada no está cumpliendo su función.
6. La oficinista le recomienda al cliente que regrese al banco.
7. Cada pago o billete debe ir a una oficina específica; si no, se crea mucha confusión.

B. Versiones de un mismo tema. Escribe qué temas de la primera parte se repiten en la segunda parte (desde "Quiero pagar mi cuenta" hasta el final).

C. ¿En qué orden aparecen? Enumera los siguientes elementos según el orden en el que aparecen en el texto. Usa números del 1 al 6.

a. _____ La empleada cuenta que se encontró a una amiga de la infancia.

b. _____ La empleada narra la historia del cliente paralítico.

c. _____ La oficinista dice que no sabe adónde debe ir el cliente.

d. _____ La oficinista dice que sus hijos están dormidos en el escritorio.

e. _____ El cliente cae muerto.

f. _____ Ella invita al cliente a sentarse y charlar con ella.

D. La actitud de la empleada. Repasa la lista de situaciones en la actividad anterior. ¿Cuáles son ejemplos de... ?

• crueldad
• ironía
• insinceridad, mentira o duplicidad
• burla

¿Hay otros ejemplos de estas actitudes en el drama?

A PARTIR DE LA LECTURA

A. Los personajes. Los personajes de "Oficina" no tienen nombre; se identifican solamente como *Voz* y *Actriz*. Además, la misma persona representa ambos papeles. ¿Cómo interpretas esto?

B. El lugar. En tu opinión, el sitio donde toma lugar la obra, ¿es realista o abstracto? ¿Qué implicaciones tiene este lugar para ti? ¿En qué otros espacios te hace pensar?

C. La empleada. ¿Crees que la recepcionista es una buena empleada? ¿Por qué crees que no aceptó el pago? ¿Es posible que tenga razón? Explica tu respuesta.

D. La Voz. ¿Piensas que la Voz es un personaje femenino o masculino? ¿Por qué? ¿Crees que el drama sería diferente si la Voz fuera del otro sexo?

E. La relación entre la empleada y el cliente. La empleada trata al cliente con bastante crueldad. ¿Cuál es su motivación? Y el cliente, ¿crees que responde apropiadamente a la conducta de la empleada? ¿Contribuye la conducta o la actitud del cliente a la conducta de la empleada?

F. El final. ¿Qué ocurre al final de la pieza? ¿Crees que lo que le sucede al cliente es una coincidencia, o es culpa de la empleada? En tu opinión, ¿es éste un final apropiado para este drama?

G. La exageración y la teatralidad. ¿Crees que el tema de "Oficina" es más o menos serio o más bien exagerado? ¿Puedes señalar algunos ejemplos de exageración en el texto? ¿Piensas que esta exageración favorece al drama?

¿Lo hace más dramático o teatral? ¿O piensas que, por el contrario, reduce el impacto de la pieza?

INTERACCIONES

A. Una investigación. Imagínate que después de la muerte del cliente se hace una investigación y se interroga a varias personas. Trabajando en grupos, haga cada quien uno de los siguientes papeles para representar partes de la investigación.

- la empleada que atendió al cliente
- otro empleado / otra empleada de la misma oficina
- otro/otra cliente que fue testigo del suceso
- el / la vicepresidente del banco al que había ido el cliente
- la esposa del cliente
- el / la policía o detective

B. La evaluación anual. Imagínate que una semana después del incidente, la empleada tiene una entrevista con su jefe/jefa para evaluar su trabajo anual. Con un compañero / una compañera, dramatiza la entrevista ante la clase.

C. Un debate. ¿Es importante seguir las reglas en una oficina? Dividan la clase en dos y defienda cada grupo una de las posiciones siguientes.

- Las reglas siempre se deben cumplir estrictamente. Una oficina sin reglas conduce al caos y, a la larga, sufre el cliente.
- Las reglas tienen su función: servir al cliente de la mejor manera posible. Si el cliente no está satisfecho, tenemos que ser flexibles con las reglas para mejor cumplir nuestra función.

A ESCRIBIR

A. Una carta. Imagínate que eres el cliente y que antes de ir a la oficina le escribes una carta al banco para explicar por qué te atrasaste con el pago. Pídeles también otra oportunidad para pagar.

B. Un reportaje. Imagínate que eres un reportero / una reportera que ha investigado cómo se trata al cliente en varias oficinas y que ha encontrado que el servicio al cliente deja muchísimo que desear (es deficiente). Escribe un reportaje de 60 a 100 palabras para exponer las maneras en que el sistema le falla al cliente.

C. ¿Por qué murió el cliente? Tras la investigación de la página 125 (Interacciones, Actividad A), formas tu propia opinión sobre la muerte del cliente. ¿Murió el cliente de causas naturales (por ejemplo, porque ya estaba enfermo)? ¿Murió del estrés causado por las frustraciones al intentar pagar su cuenta? ¿Tuvo la culpa la empleada? Escribe tu teoría en una composición de 50 a 75 palabras.

El poeta al aire libre

Sobre el autor

The Guatemalan **Augusto Monte-rroso** was born in Honduras in 1921 to a Guatemalan family and was raised in Guatemala. He has been a resident of Mexico since 1944. Of humble origin and self-taught, Monterroso focused his attention on political activity in his early years, not beginning his literary career until 1959. Monterroso's lifelong interest in the literature as well  as in the sociopolitical realities of Central America shaped a life's work committed to both the ethical and the aesthetic—in the late 1990s, he helped mediate negotiations between the Guatemalan government and the guerrillas. Monterroso is considered a master of the short story. He has aimed to strike a balance between truth and beauty in stories that are concise, simple, and accessible. To be sure, Monterroso is credited with the world's shortest short story, "El dinosaurio": "Cuando despertó, el dinosaurio todavía estaba allí." This example illustrates Monterroso's renowned playful, humorous bent, yet Monterroso's own viewpoint is that a good short story is always as sad as life itself. The piece "El poeta al aire libre" comes from his collection *Movimiento perpetuo* (1972), an anthology dedicated to the fly, an insect that appears to be in constant, gratuitous motion. Among Monterroso's other works are *La oveja negra y otras fábulas, La palabra mágica,* and *Lo demás es silencio,* for which he has won prestigious awards such as the *Águila Azteca,* the *Premio Juan Rulfo,* and most recently the *Premio Príncipe de Asturias de las Letras* in 2000.

Palabras y expresiones

rodeado/a	surrounded
la tarima	platform
atento/a	attentive
tenue	tenuous
desganado/a	**sin ganas, sin energía**
el hecho	fact
para sus adentros	to him- / herself
estirar	to stretch out
lanzar	to throw
el ademán	gesture
la calzada	road
la bocina	car horn
la obertura	(musical) overture
albergar	**guardar**

A. Los domingos. El domingo es, típicamente, un día de descanso. ¿Cómo es un domingo ideal para ti? ¿Y un domingo echado a perder (*spoiled*)? Describe brevemente ante la clase tu experiencia de un domingo ideal o un domingo echado a perder.

B. El título. Considera el título de la lectura, "El poeta al aire libre". ¿Qué anticipas de una lectura con este título con respecto al ambiente, los personajes y el argumento? Comparte tus ideas con la clase.

 # El poeta al aire libre

El domingo fui al parque. Bajo el sol y rodeado de árboles estaba el poeta, sobre una tarima de color indefinido y frente a unas cincuenta personas que lo escuchaban atentas o despreocupadas o corteses.

El poeta leía en voz alta unos papeles que sostenía con la mano izquierda, mientras con la derecha acentuaba las palabras ahí donde le parecía mejor. Cuando terminaba un poema se oía el aplauso del público, tan tenue y tan desganado que casi podía tomarse como una desaprobación. El sol daba con entusiasmo en las cabezas de todos, pero todos habían encontrado la manera de defenderse de él poniéndose encima los programas. Una niñita de tres años y medio señaló riéndose este hecho a su padre, quien también se rió, al mismo tiempo que admiraba para sus adentros la inteligencia de su hija.

El poeta, vestido un poco fuera de moda, continuaba leyendo. Ahora se ayudaba con el cuerpo y estiraba los brazos hacia adelante, como si de su boca lanzara al público, en lugar de palabras, alguna otra cosa, tal vez flores, o algo, aunque el público, atento a guardar el equilíbrio para no dejar caer los programas de las cabezas, no correspondiera en forma debida al ademán.

Detrás del poeta, sentadas ante una larga mesa cubierta con una tela roja, se encontraban las autoridades, serias, como corresponde. Cerca, en la calzada, se oía el ruido de los autos que pasaban haciendo sonar sus bocinas; más cerca, uno no sabía muy bien por qué lado, pero entre los árboles, una banda tocaba la obertura de Guillermo Tell. Esto y aquello echaba a perder un tanto los efectos que el poeta buscaba; pero con cierta buena voluntad podía entenderse que decía algo de una primavera que albergaba en el corazón y de una flor que una mujer llevaba en la mano iluminándolo todo y de la convicción de que el mundo en general estaba bien y de que sólo se necesitaba alguna cosa para que el mundo fuera perfecto y comprensible y armonioso y bello.

introducción *f.* parte de un cuento o una novela, generalmente al principio de la obra, en la que se introducen los personajes o el ambiente

clímax *m.* parte de un cuento o una novela en la que la trama o el argumento llega a su punto más emocionante o complicado

desenlace *m.* parte de un cuento o una novela, generalmente al final de la obra, en la que se resuelve la trama (*in which the plot is solved*)

LEYENDO EL TEXTO

A. Títulos. Escoge uno de los siguientes títulos para cada párrafo del texto.

1. _____ primer párrafo
2. _____ segundo párrafo
3. _____ tercer párrafo
4. _____ cuarto párrafo

a. El poeta y su público
b. El día, el lugar y las personas
c. La voz del poeta y los ruidos en la calle
d. El poeta trata de ganar la atención de los espectadores

B. ¿Qué dice el texto? Marca con una X las afirmaciones que se puedan apoyar en la lectura.

1. _____ Cientos de personas asistieron al recital del poeta.

2. _____ Era un día típico de otoño.

3. _____ Para mejor expresar sus ideas, el poeta acentuaba ciertas palabras y hacía gestos.

4. _____ La gente aplaudía sin mucho entusiasmo y daba la impresión de desaprobar lo que decía el poeta.

5. _____ Al público le preocupaba más el sol que las palabras del poeta.

6. _____ Una niñita de tres años se reía del poeta.

7. _____ Las autoridades estaban presentes para proteger al poeta del público.

8. _____ Había muchísimo ruido en el parque.

9. _____ Aunque las palabras del poeta no se oían bien, él hablaba de un mundo idealizado.

A PARTIR DE LA LECTURA

A. Ese domingo en el parque. ¿Te parece que la escena descrita en "El poeta al aire libre" es la de un domingo ideal o la de un domingo echado a perder? ¿Te habría gustado asistir a este recital de poesía? Comenta tus opiniones con el resto de la clase.

B. La caracterización del poeta. ¿Qué impresión general tienes del poeta? ¿Qué caracterización harías de él, basándote en su ropa, sus gestos, sus palabras y temas? ¿Cómo crees que es su personalidad? ¿Cuál es, en tu opinión, su aspecto físico?

C. Algunos enigmas. Aunque este texto es fácil de entender a nivel literal, los lectores pueden quedarse con dudas. Discute con el resto de la clase las siguientes preguntas para analizar el texto de acuerdo con tu punto de vista.

1. ¿Es buena idea organizar una lectura de poesía en un parque? ¿Por qué se ofrece un recital de poesía en un lugar con tantas distracciones?
2. ¿Por qué no se marcha la gente si se siente incómoda, no oye bien o no le interesa? ¿Por qué se queda?
3. ¿Cuál es la función de las autoridades en esta función cultural? ¿Por qué están sentados detrás del poeta?

4. ¿Tiene la obertura de Guillermo Tell alguna relación con el recital?
5. El poeta parece decir que "el mundo en general estaba bien y que sólo se necesitaba alguna cosa para que fuera perfecto". ¿Hay una contradicción en lo que dice? ¿Qué "cosa" crees que necesita el mundo para ser perfecto?
6. ¿Crees que el título debe entenderse de forma literal o de forma figurada? ¿Hay alguna ironía, tal vez, en el título?

C. ¿Un cuento triste? Según Augusto Monterroso, "un buen cuento es triste porque la vida es triste". ¿Dirías tú que "El poeta al aire libre" es un cuento triste? ¿Crees que es un buen cuento por ser triste, o por no serlo?

INTERACCIONES

A. Una entrevista con el poeta. Imagínate que la prensa desea entrevistar al poeta del recital. Adopta el papel del poeta o de un/una periodista para dramatizar la entrevista ante la clase con la ayuda de un compañero / una compañera. Incluyan los siguientes temas en la entrevista.

- lo que el poeta decía en sus versos
- el ambiente en que se realizó el recital; el parque
- la reacción del público a la poesía del autor

B. La página cultural del periódico. Imagínate que la noticia del recital de poesía va a salir en el periódico. Para preparar su reportaje, los periodistas deciden entrevistar a algunas de las personas que estuvieron presentes. Haz el papel de un/una periodista o de uno de los siguientes personajes para representar las entrevistas ante la clase.

- la niñita de tres años
- el padre de la niñita
- otra de las personas en el público
- una de las autoridades sentadas detrás del poeta
- uno de los músicos de la banda

Incluyan la siguiente información en sus comentarios.

- cómo es un domingo típico para la persona entrevistada
- las actividades generales de ese domingo en el parque
- una evaluación del recital del poeta
- qué hizo la persona entrevistada durante el resto del día

C. El estado del mundo. El poeta en el cuento intenta hacer un comentario acerca del estado del mundo. Ahora te toca a ti comentar. ¿Con cuál de las siguientes dos afirmaciones estás más de acuerdo? Forma un equipo con compañeros/compañeras que piensan como tú para sostener un debate con el equipo contrario.

- El mundo está bien como está. Nunca ha estado mejor.
- El mundo siempre se puede mejorar. Hace falta cambiar una o varias cosas.

A ESCRIBIR

A. La página cultural. Escribe un reportaje de 100 palabras sobre el recital en el parque. Incluye un juicio en el título; por ejemplo: "Un poeta sincero", "Una voz en el desierto", "Un domingo ideal", "Un domingo echado a perder".

B. Un mundo perfecto, comprensible, armonioso y bello. ¿Qué se necesita para que el mundo sea perfecto, comprensible, armonioso y bello? El poeta trata de explicarlo, pero lamentablemente casi nadie lo oye. Escribe más o menos 100 palabras para contestar esta pregunta desde tu punto de vista (o desde el punto de vista del poeta, según te lo imaginas).

C. Un poema original. Escribe un poema que refleje tu actitud hacia un aspecto del mundo. El poema puede ser breve, de una estrofa de más o menos diez versos. Si quieres, puedes apoyarte en el siguiente esquema.

- primer verso: un nombre o sustantivo
- segundo verso: dos o tres adjetivos
- tercer verso: tres verbos
- cuarto verso: una oración completa
- quinto verso: una pregunta
- sexto verso: una palabra

APPENDIX

Literary terms

acotación *f. (margin note or stage direction).* Stage directions in a dramatic script. Example: "Enter stage left."

aliteración *f. (alliteration).* The repetition of consonant sounds in neighboring words. Example: "Los carros del ferrocarril corren rápido."

analogía *f. (analogy).* Comparison expressed by the emphasis of degrees of similarity. Example: "Calm is to rage as ice is to fire."

antónimo *m. (antonym).* A word having the opposite meaning to another.

clímax *m. (climax).* The turning point or peak of excitement, tension, humor in a narrative.

crónica *f. (chronicle).* A literary genre, frequently in journalism, reporting factual events or events presented as being factual.

desenlace *m. (denouement or resolution).* The conclusion or "untying" of a literary work, particularly a drama.

diminutivo *m. (diminutive).* Arrived at by the addition of a suffix such as **-ito/a, -cito/a, -ecito/a** to a noun, adjective, or sometimes adverb to indicate that the object referred to is small. It can also indicate affection or intimacy on the part of the speaker. The suffixes **-illo/a** or **-cillo/a** often express disdain or lack of regard.

encabalgamiento *m. (enjambment).* When a phrase or idea is carried from one line or stanza to the next without a punctuated pause.

epígrafe *m. (epigraph).* A short quotation from another author at the beginning of a work or section, introducing the contents or theme.

estrofa *f. (stanza).* A grouping of lines into a single subdivision within a poem.

fábula *f. (fable).* A story intended to provide a moral lesson, often with animals assuming human characteristics, as in Aesop's Fables.

género epistolar *m. (epistolary form).* A literary convention by which a story or idea is conveyed through the device of a letter, series of letters, or correspondence.

género literario *m.* (*literary genre*). Each of the branches of literature—poetry, short story, novel, play, essay, chronicle, journalism, and so on—characterized by its own form, style, or content.

haikú *m.* (*haiku*). A Japanese poetic form consisting of seventeen syllables arranged in metrical units of five, seven, and five syllables.

hipérbole *f.* (*hyperbole*). Exaggeration used as a literary means of emphasis or illustration. Not intended to be taken literally.

lenguaje figurado *m.* (*figurative language*). As opposed to literal language, which can be interpreted word for word, figurative language employs words and figures of speech, such as hyperbole, simile, or metaphor, in order to emphasize, amplify, and illustrate concepts and emotions.

licencia poética *f.* (*poetic license*). A writer's freedom to intentionally bend or break laws of logic, syntax, pronunciation, and so forth.

metáfora *f.* (*metaphor*). A figure of speech in which a word or phrase describing one kind of object, activity, or idea is used in place of another to suggest a similarity between them. Example: "Ahogándose en miseria."

narrador(a) *m., f.* (*narrator*). The "voice" telling a story, or the point of view from which a story is told.

obra *f.* (*work*). A single piece of writing, or the entire body of a writer's production.

oda *f.* (*ode*). A poem composed in celebration of a person or object.

onomatopeya *f.* (*onomatopoeia*). A word expressing the sound it represents through imitation or approximation. Examples: "Las abejas zumbaban," "El quiquiriquí del gallo."

personaje *m.* (*character*). Each person appearing in a work of fiction, theater, or poetry.

personificación *f.* (*personification*). The attribution of human characteristics and qualities to inanimate objects or abstract concepts.

poesía lírica *f.* (*lyric poetry*). Poetry expressing feeling or emotion, often in the form of an ode, sonnet, and so on. Originally composed for musical accompaniment.

prosa poética *f.* (*poetic prose*). Prose incorporating characteristics generally associated with poetry, such as vivid imagery or rhythm.

prosopopeya *f.* (*prosopopoeia/personification*). The attribution of human characteristics and qualities to inanimate objects or abstract concepts.

rima *f.* (*rhyme*). The repetition of a sound or sounds within a poem.

romance *m.* (*romance*). Lyric narrative poem (similar to a ballad) in octosyllabic meter in which every other verse rhymes.

sátira *f.* (*satire*). Writing where ridicule or irony is used to criticize or censure an individual, society, institution, or other entity.

símil *m.* (*simile*). Figure of speech equating a person or object under discussion to another using a comparative conjunction such as **como.** Example: "La felicidad es como la espuma del mar."

sinalefa *f.* (*synaloepha*). The phonetic condensing of consecutive vowels from two separate words. Example: "Mi‿amigo‿Ernesto."

sinónimo *m.* (*synonym*). A word having exactly or nearly the same meaning as another.

tema *m.* (*theme*). Principal idea around which the plot in a story, drama, poem, or novel revolves. Often expressed as an abstract concept, such as love, happiness, hate, revenge.

tragedia *f.* (*tragedy*). A literary work, often in drama, where catastrophe is brought about by moral weakness in an otherwise noble character.

tragicomedia *f.* (*tragicomedy*). A dramatic form combining tragic and comic elements, in which a catastrophic outcome is averted by good fortune or the unexpected.

verso *m.* (*verse*). A single line within a stanza in poetry. Also the genre (inclusive of poetry) of metrical composition.

verso libre *m.* (*free verse*). Verse not constrained by prescribed rules of rhyme and meter. Most contemporary poetry.

voz poética *f.* (*poetic voice*). The lyric voice, which speaks through a poem and whose subjective views are often portrayed in it.

Spanish–English Vocabulary

This vocabulary does not include exact or close cognates of English. Also omitted are certain common words well within the mastery of intermediate-level students, such as articles, pronouns, possessive adjectives, numbers, and so on. Adverbs ending in **-mente** and regular past participles are not included if the root word is found in the vocabulary or is a cognate. Terms are generally defined according to their use(s) in this text.

The gender of nouns is given except for masculine nouns ending in **-l, -o, -n, -e,** and **-s,** and feminine nouns ending in **-a, -d, -ión,** and **-z.** Nouns with masculine and feminine variants are listed when the English correspondents are different words (*grandmother, grandfather*); in most cases, however, only the masculine form is given (**abogado, piloto**). Adjectives are given only in the masculine singular form. Based on the Spanish Real Academia's 1994 decision, the letter combinations **ch** and **ll** are no longer treated as separate letters and are alphabetized accordingly. Verbs that have a spelling change in the first-person present indicative indicate the change with **(g), (j), (zc),** and so on. Both present tense and preterite (if any) stem changes are given for stem-changing verbs. Finally, verbs that have further irregularities are followed by *irreg.*

The following abbreviations are used in this vocabulary.

adj.	adjective	*inf.*	infinitive
adv.	adverb	*irreg.*	irregular
coll.	colloquial	*m.*	masculine
conj.	conjunction	*n.*	noun
dim.	diminutive	*pl.*	plural
f.	feminine	*p.p.*	past participle
fig.	figurative	*prep.*	preposition
gram.	grammar	*sing.*	singular

A

abajo: hacia abajo downward
abandonar to leave; to abandon
abanico fan
abierto (*p.p. of* abrir) open; opened
abrazo hug, embrace
abrigo overcoat
abrir (*p.p.* abierto) to open
absoluto: en absoluto (not) at all
abuela grandmother
abuelo grandfather; *pl.* grand-parents
abundante abundant; large
aburrimiento boredom
aburrir to bore
acá *adv.* here; hacia acá over here
acabadito worn-out
acabar to finish, complete; acabar de + *inf.* to have just (*done something*); acabarse to run out (of)
accesorio accessory
accidente accident
acción action
aceite oil
acento accent
acentuar (acentúo) to accent, stress
aceptable acceptable
aceptar to accept
acera sidewalk
acerca de *prep.* about, concerning
acercarse (qu) to get closer
aclarar to clarify, make clear
acomodarse to find or settle into a comfortable position; to adjust oneself
acompañar to accompany
acontecimiento happening, event
acordarse (ue) de to remember
acordeón accordion
acostarse (ue) to go to bed
acotación annotation; stage direction
acribillar to riddle with holes
actitud attitude
actividad activity
actriz actress
actual *adj.* present, current
actualidad present time; cur-rent event
actuar (actúo) to act

acudir to go
acuerdo agreement; de acuerdo con in accordance with; estar (*irreg.*) de acuerdo to agree
acurrucarse (qu) to curl up
adecuado adequate
adelante: hacia adelante forward
adelanto advance, progress
ademán gesture
además *adv.* moreover
adentro: para sus adentros to him/herself
adicional additional
adivinar to guess
adjetival *adj. gram.* adjective
admirar to admire
adolescencia adolescence
¿adónde? where (to)?
adoptar to adopt
adornado adorned
adquirir (ie) to acquire
adulto *n., adj.* adult
aéreo *adj.* air
aeroplano airplane
afectivo affective, emotional
afeitar to shave; cuchilla/hoja de afeitar razor blade
afirmación statement
afirmativo affirmative
agitar to ruffle; to shake
agradable pleasant
agradecer (zc) to thank
agraviado offended, insulted
agresión aggression
agresivo aggressive
agua *f.* (*but* el agua) water
aguacate avocado
aguantar to bear, endure; to hold back (*tears*)
águila *f.* (*but* el águila) eagle
ahí there; por ahí over there
ahogarse (gu) to drown
ahora now; ahora mismo right away
ahuecado hollow
aire air; al aire libre outdoor
aislado isolated
alacena pantry; cupboard
alargar (gu) to stretch
alarido howl, scream; dar (*irreg.*) alaridos to howl, scream
alba *f.* (*but* el alba) dawn
albergar (gu) to shelter
albina salt marsh
albor *m.* dawn, beginning

alcanzar (c) to reach
alegrarse to be happy
alegre happy
alegría happiness
alejarse to go away
algo something
algodón cotton
alguien someone; hacerle (*irreg.*) compañía a alguien to keep someone company
algún, alguno some; alguna cosa something; alguna vez sometime; once; ever (*with a question*)
aliento breath
aliteración alliteration
allá (over) there
allí there
alma *f.* (*but* el alma) soul
almohada pillow
alquilar to rent
alrededor de around
alterar to alter
alternativo *adj.* alternative
alto tall; high; en voz alta aloud
altruista *adj. m., f.* altruistic
alumbrar to light
ama *f.* (*but* el ama) mistress; ama de casa housewife
amable kind
amaestrar to tame
amar to love
amargo *m.* bitter
amargor *m.* bitterness
amarillo yellow
ambiente atmosphere; envi-ronment; medio ambiente environment
ambigüedad ambiguity
ambos both
amigo friend
amistad friendship
amo master; owner
amor *m.* love
amoroso loving; love
amuleto charm, amulet
analizar (c) to analyze
análogo similar, analogous
anaquel shelf
ancho wide
andar *irreg.* to walk; to go, move
ángulo angle
anoche last night
anónimo anonymous
anotar to write down; to point out, comment

ansia *f.* (*but* **el ansia**) anxiety, anguish; eagerness
ante *prep.* before; in the presence of
anterior previous
antes *adv.* before; **antes de** before
anticipar to anticipate
antiguo antique; ancient; old
antología anthology
antónimo antonym
antropólogo anthropologist
anuncio advertisement
anunciar to announce
añadir to add
año year; **a los... años** at ... (years of age); **hace... años** ... years ago; **los años cuarenta, cincuenta, sesenta** the forties, fifties, sixties; **tener** (*irreg.*)**... años** to be ... years old
añoranza yearning
aparecer (**zc**) to appear
aparentemente apparently
aparición appearance
apartado section; post office box
apartamento apartment
apartarse to leave, move away
apasionadamente passionately
apátrida *adj.* without a country
apenado embarrassed
apenas barely, hardly
apetecer (**zc**) to long for, yearn for, crave
apetito appetite
aplaudir to applaud
aplauso applause
aplicar (**qu**) to apply
apoyar to support
apoyo support
apreciar to esteem, value, appreciate
aprender to learn
aprobar (**ue**) to approve
apropiado appropriate
aproximadamente approximately
apurado hurried
aquello that, that thing
aquí here
árbol tree
archivo archive, file
argumento plot; argument, reasoning
aristocrático aristocratic

armar to arm; to provision
armario wardrobe, cupboard
armonía harmony
armonioso harmonious
aroma *m.* scent
arrancar (**qu**) to pull out
arreglar to put in order, tidy up
arriba: de arriba from above
arrimar to bring closer
arrogancia arrogance
arroz *m.* rice
arruinado ruined
artículo article
artista *m., f.* artist
artístico artistic
asaltar to assault, mug
aseado clean, neat
así *adv.* thus, so, in this/that manner; **así como** as well as
asistir to attend
asociar to associate
asombrarse to be surprised
aspecto aspect; appearance
astrológico astrological
asunto matter
asustar to frighten; **asustarse** to become frightened
ataviarse (**me atavío**) to attire oneself
atención attention; **con atención** carefully; **llamar la atención** to call or draw attention; **prestar atención** to pay attention
atender (**ie**) to pay attention; to wait on, serve
atento attentive
aterrado terrified
atleta *m., f.* athlete
atracción attraction
atrapado trapped
atrás behind
atrasado: cuenta atrasada outstanding account
atrasarse to be late
atravesar (**ie**) to pierce, penetrate; to cross
atribuir (**y**) to attribute
atributo attribute
atusarse to run one's fingers through
auditorio auditorium
aullar to howl
aun *adv.* even
aún *adv.* yet, still
aunque although, even if
ausencia absence

autobiográfico autobiographical
automóvil automobile
autor *m.* author
autoridad authority
avecilla small bird
averiguar (**gü**) to find out, inquire into
aviación aviation
avión airplane
aviso warning
ayer yesterday
ayuda help, assistance
ayudar to help
azteca *adj. m., f.* Aztec
azul *n., adj.* blue

B

bailar to dance
bailarín, bailarina dancer
baile dance
bajar to lower; to go down; to bring down; **bajarse** to alight; to go or come down
bajo *prep.* under
bajón bad luck
balaustre banister
balcón balcony
ballestero soldier
banco bank
banda band
bandera flag
banquillo small stool
bañado imbued; bathed
barba chin; beard
barco boat
barrer to sweep
basarse en to base one's ideas on
básico basic
bastante *adj.* enough, sufficient
batería *sing.* drums
batey *m. patio or backyard of a simple country dwelling*
bautizo christening
bebé *m.* baby
belleza beauty
bello beautiful
benéfico beneficial
besar to kiss
beso kiss
bestia beast
biblioteca library
bicicleta bicycle
bien *adv.* well
bigote mustache; *pl.* whiskers

billete ticket
biografía biography
biográfico biographical
bizco cross-eyed
blanco white; **espacio en blanco** blank space
blandamente softly
boca mouth; entrance
bocado bite
bocina car horn
boda wedding; **noche de bodas** wedding night
bola: no me paren bolas *coll.* don't pester me
bolígrafo pen
bolsillo pocket
bordar to embroider
borde edge, rim
borrar to erase
bosque forest, woods
bostezo yawn
bota boot
botella bottle
botín bootee
boxeador *m.* boxer
brazo arm
breve brief
bribón, bribona mischievous
brillar to shine; to polish
brío vigor, spirit
buen, bueno good; **buenos días** good morning; **hacer** (*irreg.*) **buen tiempo** to be good weather
burla ridicule; joke, jest
burlón, burlona mocking; joking
burocracia bureaucracy
buscar (qu) to look for

C

cabeza head
cada each; **cada vez más** more and more
caer *irreg.* to fall; **caerse** to fall down; **dejar caer** to drop (*an object*); **les caigo...** I come across as . . .
café coffee
cafetería cafeteria
caimito star apple
caja box
cajón drawer
calandria lark (*bird*)
calcular to calculate
calidad quality
caliente hot; warm

calificar (qu) to classify; to describe
callado quiet
calle *f.* street
calor heat; **hacer** (*irreg.*) **calor** to be hot (*weather*)
calzado shoe
calzada road; side of the road
cama bed; **tender (ie) la cama** to make the bed
cambiar to change
cambio change
caminar to walk
camino road, path, route; **ir** (*irreg.*) **camino de** to be on the way to
camisa shirt
camiseta T-shirt
campestre *adj.* country
campo *n.* country, countryside; field
canario canary
cancelación cancellation
cancelar to cancel
canción song
cancionero anthology, collection of songs
canela cinnamon
cansarse to get tired
cantante *m., f.* singer
cantar to sing
cantidad amount
canto song
caos chaos
capítulo chapter
cara face
característica *n.* characteristic
característico *adj.* characteristic
caracterización characterization
caracterizarse (c) to be characterized
cárcel *f.* jail
cardinalicio cardinal-like
cargar (gu) to load; to accuse of, charge; to put or place (*responsibility*) on
cargo: a cargo de in charge of
Caribe *n.* Caribbean
cariñito my dear
cariño affection
cariñoso affectionate
carnívoro carnivorous
caro expensive
carrera career
carro car
carta letter

cartera wallet
casa house; **ama** *f.* (*but* **el ama**) **de casa** housewife
casarse (con) to get married (to)
casi almost
caso case
casta: de casta pedigreed
castigo punishment
castor beaver
casualidad coincidence
categoría category
causa cause; **a causa de** because of
causar to cause
ceja eyebrow
celebración celebration
celebrar to celebrate
celoso jealous
celular: teléfono celular cellular telephone
censurar to censure
cerca *adv.* near, near by, close by; **de cerca** from a close distance
ceremonia ceremony
cerrar (ie) to close
chabacano gaudy, vulgar
chaqueta jacket
charco puddle
charlar to talk, chat
chavo cent, penny
cheque check; **cuenta de cheques** checking account
chica girl
chicle chewing gum
chico boy
choque crash
cielo sky; heaven
cierto certain
cine *sing.* movies
cinta ribbon
circunstancia circumstance
cita quote; appointment, date
citado quoted
ciudad city
ciudadano citizen
civil: estado civil marital status
clarificar (qu) to clarify
claro *n.* clearing; *adj.* clear; light; *adv.* of course, clearly
clase *f.* class; **compañero de clase** classmate
clasificar (qu) to classify
cláusula *gram.* clause
cliente *m., f.* client; customer
cobarde *n. m., f.* coward; *adj.* cowardly

cobrar to charge
coche car
cocina kitchen
cocinero cook
coco coconut
coger (j) to catch; to take; to pick; **coger (el) fresco** to breathe fresh air
coherente coherent
coincidencia coincidence
coincidir to coincide
cola tale
colarse to sneak in
colectivo collective; communal, common
colegio secondary school
colocar (qu) to place
colorín: de colorín fictional
columna column
columpiarse to swing; to sway
combatir to fight
comedia comedy; play
comedor dining room
comentar to comment (on), talk about
comentario comment
comenzar (ie) (c) to begin
comer to eat
cometa *m.* comet; kite
cometer to commit
cómico funny
comida food
comienzo beginning
como like; as; **así como** as well as; **tan... como** as . . . as; **tan pronto como** as soon as; **tanto... como...** both . . . and . . . ; **tanto como** as much as
cómodo comfortable
compañero companion, partner; **compañero de clase** classmate
compañía company; **hacerle** (*irreg.*) **compañía a alguien** to keep someone company
comparación comparison
comparar to compare
compartir to share
completar to complete
completo complete
complicado complicated
comportarse to behave
composición composition
compra: hacer (*irreg.*) **compras** to go shopping
comprar to buy
comprender to understand

comprensible comprehensible
comprensivo understanding
comprometerse a to promise to, pledge oneself to
común common
comunicación communication
comunicar (qu) to communicate
comunión communion
concordancia *gram.* agreement
concreto *adj.* concrete
condición condition
conducir (*irreg.*) **a** to lead to
conducta conduct
conejo rabbit
conexión connection
confesar (ie) to confess
conflictivo conflicting
confrontar to confront
confundir to confuse
confusión confusion
conjugar (gu) *gram.* to conjugate
connotación connotation
connotar to connote, imply
conocer (zc) to know, be acquainted with; (*preterite*) to meet
conseguir (*like* **seguir**) to obtain, get
consejo piece of advice; *pl.* advice
considerar to consider
consistir en to consist of
construcción construction
construir (y) to construct, build
consultar to consult
consultorio doctor's office
contacto contact
contaminado contaminated, polluted
contar (ue) to tell; to count
contemporáneo contemporary
contener (*like* **tener**) to contain
contenido *n. sing.* contents
contentar to please
contento happy; content
contestar to answer
contexto context
continuación: a continuación following, next
continuar (continúo) to continue
contra against; **a favor o en contra** for or against
contradecir (*like* **decir**) to contradict

contradicción contradiction
contrario opposite; contrary; **por el contrario** on the contrary
contraste contrast
contrato contract
contribución contribution
contribuir (y) to contribute
controlado controlled
convencer (z) to convince
convenir (*like* **venir**) to suit
conversación conversation
conversar to converse
convertir (ie, i) to convert; **convertirse** to turn into
convicción conviction
convincente convincing
copia copy
coqueta *m., f.* flirtatious
corazón heart
coro chorus
coronilla crown of the head
corporal *adj.* body
correr to run; to pass by, elapse (*time*); **correr el riesgo** to run the risk
correspondencia correspondence, relationship
corresponder to fit, match, go together
correspondiente corresponding
cortar to cut
corte *f.* court
cortés courteous
cortesano courtly
cortesía courtesy
cortina curtain
cosa thing; **alguna cosa** something
coser to sew
costar (ue) to cost
costumbre *f.* custom
cotidiano *adj.* daily
creacionismo Creationism
creacionista *adj. m., f.* Creationist
crear to create
creativo creative
crédito: tarjeta de crédito credit card
creer (y) to believe
cresta crest
crianza breeding; manners
criatura creature; *coll.* child
crimen crime
cristal crystal glass; mirror
Cristo Christ

crítica criticism
criticar (qu) to criticize
crítico critical
crónica chronicle
cronológico chronological
crueldad cruelty
cruz cross
cuadrado *adj.* square
cuadro picture; table, chart; square
cualquier *adj.* any; **en cualquier parte** anywhere
cualquiera anyone
cuando when; **de vez en cuando** once in a while
cuanto *adv.* as much as; **en cuanto** as soon as
cuarto *n.* room; *adj.* fourth
cuatro *small guitar with only four strings*
cubanoamericano *adj.* Cuban American
cubrir (*p.p.* **cubierto**) to cover
cucaracha cockroach
cuchara spoon
cucharada spoonful
cuchilla de afeitar razor blade
cuchillo knife
cuello neck
cuenca valley; basin
cuenta account; bill; **cuenta atrasada** outstanding account; **cuenta de cheques** checking account; **darse** (*irreg.*) **cuenta** to realize, become aware; **tener** (*irreg.*) **en cuenta** to take into account; to keep in mind
cuento story
cuerda cord, string
cuerpo body
cueva cave
cuidado care
cuidadosamente carefully
cuidar to take care of
cuitado dejected, in despair
culpa fault, blame
culpable guilty
cultivar to cultivate
cultura culture
cumpleaños *sing., pl.* birthday
cumplir to carry out, complete; to fulfill; **cumplir con** to fulfill one's obligations to
cuna cradle
cura *m.* priest
curioso curious

D

danzar (c) to dance
daño damage; injury
dar *irreg.* to give; **dar alaridos** to howl, scream; **dar con** to find; to meet; **dar excusas** to make excuses; **dar la gana** (*to do*) whatever one feels like doing; **dar las gracias** to thank; **dar un paseo** to take a walk/stroll; **dar (las) vueltas** to go for a ride; **darse cuenta** to realize, become aware
dato fact, datum; *pl.* data, information, facts
debatir to debate
deber to owe; **deber** + *inf.* should, must
debido proper; **debido a** due to, because of
débil weak
década decade
decir *irreg.* to say, tell; **querer** (*irreg.*) **decir** to mean
decisión decision
declaración declaration
decoración decoration
decorar to decorate
dedicar (qu) to dedicate
dedo finger; toe
deducir *irreg.* to deduce
defecto defect
defender (ie) to defend
definición definition
dejar to leave, leave behind; to permit, allow; to quit; **dejar caer** to drop (*an object*); **dejar de** + *inf.* to stop (*doing something*)
delantal apron
delante de in front of
delgado thin
deliberadamente deliberately
deliberar to deliberate
delicioso delicious
demás: los demás the others
demorar en irse to linger
demostrar (*like* **mostrar**) to demonstrate
denotar to denote; to mean
dentista *m., f.* dentist
dentro (de) inside, within
depender (de) to depend (on)
deporte sport; **zapatilla de deporte** sports shoe
depresión depression

deprimido depressed
derecho *n.* right (*legal*); *adj.* right
derivar to derive
desacuerdo disagreement; **estar** (*irreg.*) **en desacuerdo** to disagree
desafiante defiant
desagradable unpleasant
desaire snub, slight
desangrado *adj.* bleeding
desanimarse to get discouraged
desaparecer (*like* **aparecer**) to disappear
desaparición disappearance
desapercibido: pasar desapercibido to go unnoticed
desaprobación disapproval
desaprobar (*like* **aprobar**) to disapprove
desarrollar to develop
desatino foolish act
desazón unease
desazonar to annoy, irritate
descalzarse (c) to take one's shoes off
descansar to rest
descanso: día (*m.*) **de descanso** day off
desconocido unknown
desconsolado heartbroken
describir (*like* **escribir**) to describe
descripción description
descrito (*p.p. of* **describir**) described
descubrir (*like* **cubrir**) to discover
desde *prep.* since (*time*); from
desear to want, desire
desecho scum
desempeñar to play (*a role*)
desenlace denouement, conclusion
deseo desire
desesperación desperation
desganado unwilling
desierto desert
desilusión disappointment
desnudo naked, nude
desobediente disobedient
desocupado unoccupied
despavorido shocked, bewildered
despedida farewell, leave-taking
despeinarse to become uncombed

despensa pantry
despertar(se) (ie) to awaken, wake up
despierto (*p.p. of* **despertar**) awake
desprender to let loose, release
despreocupado unworried, unconcerned, carefree
después *adv.* afterward; **después de** after; **después (de) que** *conj.* after
destacar (qu) to emphasize
destapar to uncover
destinatario addressee
destino fate, destiny
destruir (y) to destroy
desvanecerse (z) to disappear, vanish
desventaja disadvantage
desyerbar to weed
detalle detail
determinar to determine
detestar to detest
detrás de behind
devoto devotee
día *m.* day; **al otro día** (on) the following day; **buenos días** good morning; **de día** by day; **día de descanso** day off; **día de fiesta** holiday
diálogo dialogue
diario *n.* diary; *adj.* daily
dibujar to draw
dibujo drawing
diccionario dictionary
dicho (*p.p. of* **decir**) said; **dicho y hecho** no sooner said than done
dictado dictation
diente tooth
diferencia difference
diferente different
difícil difficult
diminutivo diminutive
dinero money
dinosaurio dinosaur
Dios God
dirección address
directo direct
dirigir (j) to direct; **dirigirse** to address, speak to
discreción discretion
discreto discreet
discurso speech
discutir to discuss
diseñador *m.* designer
disfraz *m.* costume, disguise
disfrazar (c) to disguise

disgustar to displease
disgusto annoyance
disimular to pretend
disponer (*like* **poner**) to arrange; **disponerse a** to get ready to, prepare oneself to
distancia distance
distinguirse to distinguish oneself, excel
distinto different, distinct
distracción distraction
distraer (*like* **traer**) to distract
diversión: parque de diversiones amusement park
diverso *pl.* various, several
divertido fun, amusing
dividir to divide
divino divine
división division
documento document
dólar dollar
dolor pain
doméstico domestic; **tarea doméstica** household chore; **trabajo doméstico** housework
donde where
dormir (ue, u) to sleep; **dormir la siesta** to take a nap; **dormirse** to fall asleep
dormitorio bedroom
drama *m.* drama
dramático dramatic
dramatización dramatization
dramatizar (c) to act out, dramatize
duda doubt
dudoso doubtful
dueño owner
dulce *n.* candy, sweet; *adj.* sweet
duplicidad duplicity
durante during
durar to last

E

echar to throw, toss; to cast; **echar a perder** to spoil
Eclesiastés Ecclesiastes (*book from the Old Testament*)
economía economy
económico economical
edad age; **ser** (*irreg.*) **mayor de edad** to be of age
edición edition, issue
educación education
educar (qu) to educate

efectivo effective
efecto effect
ejemplo example; **por ejemplo** for example
ejercicio exercise
elaborar to work out, make; to elaborate
eléctrico electric
electrónico: mensaje electrónico e-mail
elegancia elegance
elegante elegant
elemento element
elegir (j) to choose
eliminar to eliminate
ello: por ello for that reason
embargo: sin embargo however, nevertheless
embutido sausage
emoción emotion
emocional emotional
emocionante exciting
empezar (ie) (c) to begin
empleado employee
emplear to use; to employ
empleo use
empolvarse to put on makeup
enamorado *n.* sweetheart; *adj.* in love
enamorarse to fall in love
encabalgamiento enjambment (*poetic*)
encender (ie) to light; to turn on
encerrar (*like* **cerrar**) to enclose
encima *adv.* above, overhead; **llevar encima** to be wearing
encogerse (*like* **coger**) **de hombros** to shrug
encontrar (ue) to find; **encontrarse** to find oneself; to be located
energía energy
enfermo sick
enfrentarse to face
enfrente de opposite; in front of, across from
engalanarse to dress up
engañar to deceive
engaño deceit
enigmático enigmatic
enojarse to get angry
enroscarse (qu) to curl up
ensayar to rehearse
ensayo essay
enseguida immediately

enseñanza education; lesson
enseñar to teach
entender (ie) to understand
enterar to inform; **enterarse** to find out
entonación intonation
entonces then
entrada entrance
entrar to enter
entre between; among
entretenimiento entertainment
entrevista interview
entrevistar to interview
entusiasmado enthusiastic
entusiasmo enthusiasm
enumerar to enumerate
enunciación enunciation
enviar (envío) to send
envío shipment
envolver (*like* **volver**) to wrap
epígrafe epigraph, inscription
episodio episode
epistolar *adj.* epistolary
epitafio epitaph
época era, age; time
equilibrio balance
equipo team
equivalente equivalent
equivocarse (qu) to make a mistake
erguir *irreg.* to prick up
error: por error by mistake
escalera staircase; *pl.* stairs
escándalo scandal
escaparse to escape, run away
escena scene; **en escena** on stage
esclavo slave
escoba broom
escoger (j) to choose
esconder to hide
escribir (*p.p.* **escrito**) to write
escrito (*p.p. of* **escribir**) written; **por escrito** in writing
escritor *m.* writer
escritorio desk
escuálido scrawny
escuchar to listen
escuela school; **escuela primaria** elementary school; **escuela secundaria** middle/high school
eso: por eso for that reason
espacio space; **espacio en blanco** blank space
espalda back
España Spain

español *n.* Spaniard; Spanish (*language*); *adj.* Spanish
esparcir (z) to spread; to scatter
especial special
específico specific
espectacular spectacular
espectador *m.* spectator
especulación speculation
esperanza hope
esperar to wait for; to hope, wish
espiritual spiritual
esplendor splendor
espliego lavender
esposa wife
esposo husband
esquela note; notice; **esquela mortuaria** death notice
esquema *m.* outline; diagram
estable *adj.* stable
establecido established
estación station
estado state; **estado civil** marital status
Estados Unidos United States
estante shelf
estar *irreg.* to be; **estar de acuerdo** to agree; **estar de moda** to be in style; **estar en desacuerdo** to disagree
estatura height
estereotipo stereotype
estetoscopio stethoscope
estilo style
estimado dear, esteemed (*salutation*)
estimar to respect, esteem
estirar to stretch
estrategia strategy
estrecho narrow
estrella star
estrés stress
estridente strident
estrofa stanza; verse
estructura structure
estudiante *m., f.* student
estudiantil *adj.* student
estudiar to study
estudio study
etapa stage
eterno eternal
evaluación evaluation
evaluar (evalúo) to evaluate
evento event
evidencia evidence
evidente obvious, evident
evolución evolution
exageración exaggeration

exagerar to exaggerate
examen test
examinar to examine
excelente excellent
excepción exception
excepto except
exclamación exclamation
exclamativo exclamatory
excusa excuse; **dar** (*irreg.*) **excusas** to make excuses
existir to exist
exorbitante exorbitant
expectativa expectation
experiencia experience
experimentar to experience; to experiment
explicar (qu) to explain
explícita explicit
exponer (*like* **poner**) to expose
expresar to express
expresión expression
exprimir to squeeze
extendido extended
externo external
extranjero foreign
extraño strange
extremo: de extremo a extremo back and forth

F

fábula fable
fácil easy
facilitar to make easy
falda skirt
fallido failed, unsuccessful
falta lack; **hacer** (*irreg.*) **falta** to be necessary
faltar to be missing
familia family
familiar *adj.* family
famoso famous
favor favor; **a favor de** in favor of; **a favor o en contra** for or against; **por favor** please
favorito favorite
fecha date
felicidad happiness
feliz happy
femenino feminine
ficticio fictitious
fidelidad faithfulness
fiel faithful, loyal
fiesta party; **día** (*m.*) **de fiesta** holiday; **fiesta nacional** national holiday; **fiesta patronal** patronal feast/festival

figurado figurative, not literal
fijar to fix; **fijarse en** to pay
  attention to, notice
filmar to film
filosofía philosophy
fin: por fin finally
final end
fingir (j) to pretend
fino fine
firma signature
físico physical
flaco skinny
flauta flute
flor *f.* flower
fogón burner
fondo bottom; *pl.* funds
fonético phonetic
forma shape, form; manner,
  way
formar to form; **formar parte
  de** to be a member of
formato format
forzado forced
foto *f.* photo; **tomar fotos** to
  take pictures
fragmento fragment
franco frank
frasco bottle
frase *f.* phrase; sentence
frecuente frequent
frente *n. f.* forehead; **frente a**
  adv. facing, opposite of
**fresco: coger (j) / tomar
  (el) fresco** to breathe
  fresh air
frío *n.* cold; **hacer** (*irreg.*) **frío**
  to be cold (*weather*); **tener**
  (*irreg.*) **frío** to be cold (*body
  temperature*)
frustración frustration
frustrado frustrated
fruta *n.* fruit
frutal *adj.* fruit
fuego fire
fuera: fuera de moda out of
  style
función function
funerales *m. pl.* funeral
furioso furious
futuro *n., adj.* future

G

gabán overcoat
gafas *pl.* eyeglasses
gaita *sing.* bagpipes
galaico *adj.* Galician
galardón reward

gallina hen
gallo rooster
gana desire, wish; **dar** (*irreg.*)
  la gana / venir (*irreg.*)
  en gana (*to do*) whatever
  one feels like doing; **tener**
  (*irreg.*) **ganas de** + *inf.* to
  feel like (*doing something*)
ganar to earn; to win
garganta throat
garza heron
gato cat
generación generation
general: por lo general in
  general
genérico generic
género genre
gente *f.* people
geografía geography
geográfico geographic
gesto gesture
gitano *n., adv.* gypsy
glotonería gluttony
gobierno government
goloso: ser (*irreg.*) **goloso** to
  have a sweet tooth
gracias *pl.* thanks; **dar** (*irreg.*)
  las gracias to thank
graduación graduation
gráfico graphic
gramática grammar
gran, grande big, large;
  great; **gran ocasión** special
  occasion
gritar to shout
grito shout
grueso thick
grupo group
guajirito little peasant (*Puerto
  Rico*)
gualicho *coll.* evil eye
guapo handsome
guardar to keep; to save
guardia guard
guayaba guava
guerra war
guía guide (*book*)
guitarra guitar
gustar to please
gusto taste

H

haber *irreg.* to have (*auxiliary*);
  hay there is; there are; **hay
  que** it's necessary
habitación room
hablar to talk, speak

hacer *irreg.* to do; to make;
  hace + *period of time* . . .
  ago; **hacer buen/mal
  tiempo** to be good/bad
  weather; **hacer calor/frío**
  to be hot/cold (*weather*);
  hacer compras to go shopping; **hacer el papel** to play
  a role; **hacer falta** to be
  necessary; **hacer preguntas**
  to ask questions; **hacer sol**
  to be sunny; **hacer visitas**
  to visit; **hacerle compañía
  a alguien** to keep someone
  company; **hacerse** to
  become
hacia toward; **hacia abajo**
  downward; **hacia acá**
  over here; **hacia adelante**
  forward
hallazgo find
hambre *f.* (*but* **el hambre**)
  hunger; **tener** (*irreg.*)
  hambre to be hungry
hasta *adv.* even; also; *prep.*
  until; up to; **hasta que**
  conj. until
hecho *n.* fact; (*p.p. of* **hacer**)
  done; made; **dicho y
  hecho** no sooner said than
  done
hermana sister
hermano brother
héroe hero
hervir (ie, i) to boil
hete *archaic* here it is
higiene *f.* hygiene
hija daughter
hijo son; *pl.* children
hilo thread
hipérbole hyperbole
hispánico *n., adj.* Hispanic
historia history; story
hoguera bonfire
hoja leaf; sheet (*of paper*); **hoja
  de afeitar** razor blade
hombre man
hombro shoulder; **encogerse**
  (*like* **coger**) **de hombros** to
  shrug
homogeneidad homogeneity
honestamente honestly
hora hour; time
hoy today
huérfano orphan
hueso bone
huevo egg
huir (y) to flee

humano *n., adj.* human; **ser humano** human being
húmedo damp; humid
humorismo humor, wit
humorístico humorous
huracán hurricane
husmear to sniff

I

idealista *m., f.* idealist
idealizado idealized
identidad identity
identificar (qu) to identify
idioma *m.* language
ídolo idol
iglesia church
igual equal; same
iluminar to light, illuminate
ilusión illusion
ilustrar to illustrate
imagen *f.* image
imaginación imagination
imaginario imaginary
imaginarse to imagine
imitación imitation
imitar to imitate
impaciente impatient
impacto impact
ímpetu *m.* ardor
implicación implication
implicar (qu) to imply
implícito implicit
importancia importance
importante important
importar to matter, be important
imposible impossible
impresión impression
imprevisible unforeseeable
improvisar to improvise
impuesto (*p.p. of* **imponer**) imposed
inanimado inanimate
incidente incident
inciso *gram.* comma
inclinarse to lean
incluir (y) to include
incógnita unanswered question
incómodo uncomfortable
incompetente incompetent
inconsecuente careless
incontrolable uncontrollable
incorporar to incorporate
indefinido indefinite, vague
indicar (qu) to indicate
indiferencia indifference

indigenista *adj. m., f.* pertaining to indigenous subjects and themes
indirecto indirect
individualidad individuality
individuo *n.* individual
infancia infancy
infantil *adj.* child, children's; childish
influencia influence
influir (y) to influence
información information
inmediatamente immediately
inmóvil immobile
innato innate
inocente innocent
inquietud uneasiness, disquiet
insatisfecho dissatisfied
inscripción inscription
insinceridad insincerity
insistir (en) to insist (on)
inspirar to inspire
instante instant
institución institution
instituto institute
instrumento instrument
inteligente intelligent
intentar to try
interacción interaction
intercambiar to exchange
intercambio exchange
interés interest
interesante interesting
interesar to interest
interlocutor *m.* speaker
internacional international
interpretación interpretation
interpretar to interpret
interpretativo interpretative
interrogación question
interrogar (gu) to question
interrogatorio interrogation
interrumpir to interrupt
intervención intervention
íntimo intimate
introducción introduction
intruso intruder
invención invention
inventar to invent
investigación investigation
investigar (gu) to investigate
invitar to invite
ir *irreg.* to go; **demorar en irse** to linger; **ir camino de** to be on the way to; **ir de paseo** to go for a walk/stroll; **irse** to go away
ironía irony

irónico ironic
irrazonable unreasonable
irritar to irritate
izquierdo *adj.* left

J

¡jaujau! *onomatopoeic bark*
jefe boss
jenjibre ginger
jocoso playful
joven *n. m., f.* youth; *adj.* young
joya jewel
jubón jacket
juego game
jugar (ue) (gu) to play
juguete toy
juicio opinion, judgment
junto a near; next to
juntos together
juramento sworn declaration
justicia justice
justificar (qu) to justify
justo fair, just; exact, precise

L

labio lip
lado side; **al lado de** next to, beside
ladrón thief
lágrima tear
lamentablemente unfortunately
lamentarse to moan
lámpara lamp
lana wool
lanzar (c) to throw
lapicera pen
lápiz pencil
largo long
lástima shame
lavar to wash
lazo bow
leal loyal
leche *f.* milk
lector *m.* reader
lectura reading
leer (y) to read
lejos *adv.* far away; **de lejos** from a distance; **lejos de** far from
lengua tongue; language
lenguaje language
letra letter; handwriting; *pl.* literature
levantar to lift, raise; **levantarse** to get up

libertad freedom
libra pound
libre free; **al aire libre** outdoors; **tiempo libre** free / spare time
libro book
licencia license
liebre *f.* hare
lila lilac
limitar to limit
límite limit
limpiar to clean
limpieza cleaning
lindo pretty, lovely
línea line
linfa lymph
lino linen
linterna lantern
lírico lyrical
lista list
listo smart, clever; ready
literario literary
literatura literature
llamada call
llamar to call; **llamar la atención** to call or draw attention; **llamarse** to call oneself, be named
llano *n.* plain
llanto cry, sob
llave *f.* key
llegada arrival
llegar (gu) to arrive
llenar to fill
lleno full
llevar to carry; to take; to wear; **llevar encima** to be wearing; **llevar puesto** to be wearing, have on; **llevarse mal (con)** to not get along (with)
llorar to cry
llover (ue) to rain
loba she-wolf
loco crazy
lograr to achieve; **lograr + inf.** to manage to (*do something*)
loro parrot
lucir (zc) to show (off)
luego then
lugar place; **en lugar de** instead of; **tener (*irreg.*) lugar** to take place
lujoso luxurious
lustrar to polish, shine
luto mourning
luz light

M

madera wood
madre *f.* mother
madrugada dawn
madurez maturity
maestro teacher
mágico magic
mal *n.* evil; *adv.* badly; poorly; **hacer (*irreg.*) mal tiempo** to be bad weather; **llevarse mal (con)** to not get along (with); **mal de ojo** evil eye; **salir (*irreg.*) mal** to turn out badly
mal, malo *adj.* bad
maldad wickedness
maldito damned, accursed
maleta suitcase
malhechor *m.* wrongdoer
mamá mother, mom
mamey *m. type of fruit*
mandar to send; to order, command
mandato command
manera way, manner; **a manera de** like, in the manner of; **de ninguna manera** by no means
mango handle; mango (*fruit*)
manifestar (ie) to show, reveal
manjar *m.* delicacy
mano *f.* hand
manteca lard
mantel tablecloth
mantener (*like* **tener**) to maintain
mañana morning; tomorrow
maquillaje makeup
maquillarse to put on makeup
mar *m., f.* sea
maravilla wonder
maravilloso wonderful, marvelous
marcar (qu) to mark
marcharse to go (away), leave
mareado nauseous
marearse to get carsick; to become nauseous or dizzy
margen margin
marido husband
más more; **cada vez más** more and more; **nada más** not but, nothing else
masaje massage
masajista *m., f.* massage therapist
máscara mask

mascota pet
masculino masculine
masticar (qu) to chew
matar to kill
maullar to meow
máximo maximum; greatest
mayor older; greater; **ser (*irreg.*) mayor de edad** to be of age
mazo bundle
mecer (zc) to rock; to wave
mediano medium
médico *n.* doctor; *adj.* medical
medio *n.* method, way, means; environment, milieu; half; **medio ambiente** environment; **por medio de** through, by way of; *adj.* half
mediodía *m.* noon
meditar to meditate, contemplate
mejilla cheek
mejor better; best; **a lo mejor** maybe, perhaps
mejorar to improve
melao (melado) thick cane syrup
melcocha *type of candy made with molasses*
melodía melody
memoria memory
memorizar (c) to memorize
mencionar to mention
menos less; **por lo menos** at least
mensaje message; **mensaje electrónico** e-mail
mentira lie
merecer (zc) to deserve
mes month
mesa table
metáfora metaphor
metafórico metaphorical
meter to put; **meterse** to get into
método method
metro subway
mezcla mixture
miedo fear; **tener (*irreg.*) miedo** to be afraid
miel honey
miembro member
mientras while
militar *adj.* military
ministerio ministry
mirada look, glance; view

mirar to look; to watch
mismo self; same; **ahora mismo** right away; **al mismo tiempo** at the same time; **lo mismo** the same thing
misterio mystery
misterioso mysterious
moda fashion, style; **estar** (*irreg.*) **de moda** to be in style; **fuera de moda** out of style
modelista *m., f.* fashion designer
modelo model
modernismo modernism
modernizar (c) to modernize
moderno modern
modificar (qu) to modify
modista *m., f.* dressmaker
mojado wet
molestar to bother
momento moment
moneda coin
monja nun
mono monkey
monólogo monologue
morir(se) (ue, u) (*p.p.* **muerto**) to die
mortuorio: esquela mortuoria death notice
mostrar (ue) to show
motivación motivation
mover (ue) to move
movimiento movement
muchacha girl
muchacho boy
mucho much, a lot
mueble piece of furniture
muerte *f.* death
muerto *n.* dead person; *adj.* (*p.p. of* **morir**) dead
mujer *f.* woman
multa fine; **poner** (*irreg.*) **una multa** to fine
mundo world
murmurar to murmur
muro wall
música music
músico musician
mutilación mutilation
muy very

N

nacer (zc) to be born
nacido: recién nacido newborn
nacimiento birth

nacional national; **fiesta nacional** national holiday
nacionalidad nationality
nada nothing; **nada más** not but, nothing else; **por nada** for nothing; at all
nadie no one
naranjo orange tree
nariz nose
narración narration
narrador *m.* narrator
narrar to narrate
narrativo narrative
naufragar (gu) to be shipwrecked
Navidad Christmas
necesario necessary
necesidad necessity
necesitar to need
negar (ie) (gu) to deny
negativo negative
negocio business
negro black
neutro neutral; *gram.* neuter
ni nor; **ni... ni** neither . . . nor
nieta granddaughter
nieto grandson; *pl.* grandchildren
ningún, ninguno none, no; **de ninguna manera** by no means
niña little girl
niño little boy; *pl.* children
nivel level
noche *f.* night; **de noche** at night; **noche de bodas** wedding night
noción notion
nocturno nocturnal
nombrar to name
nombre name
norma rule; standard
norte north
norteamericano *n., adj.* North American
nostálgico nostalgic
nota note
noticia piece of news; news
novela *n.* novel
novia girlfriend; fiancée; bride; **traje de novia** wedding dress
novio boyfriend; fiancé; groom; *pl.* newlyweds
nube *f.* cloud
nuevo new; **de nuevo** again
numerar to number
número number
nunca never, not ever

O

o or
obertura overture (*musical*)
obituario obituary
objeto object
obligar (gu) to force, compel
obra work
observación observation
observar to observe
obstáculo obstacle
obtener (*like* **tener**) to obtain
ocasión occasion; **gran ocasión** special occasion
occidental western
ocultar to conceal, hide
ocupación occupation
ocupar to occupy
ocurrir to happen; **ocurrírsele** (**a alguien**) to come to mind
oda ode
odiar to hate
ofendido offended
oficina office
oficinista *m., f.* office worker
oficio trade, occupation
ofrecer (zc) to offer
ogro ogre
oído ear (*inner*)
oír *irreg.* to hear
ojo eye; **mal de ojo** evil eye; **¡ojo!** watch out!
ola wave
oler *irreg.* to smell
olla pot
olor *m.* smell
olvidar to forget
olvido forgetfulness
opción option
opinar to think, have an opinion
oportunidad opportunity
opresivo oppressive
optimista *n. m., f.* optimist; *adj.* optimistic
oración sentence
orden *m.* order, arrangement; *f.* order, command
ordenar to arrange, put in order; to order, command
oreja ear (*outer*)
orejón big-eared
organización organization
organizar (c) to organize
orgullo pride
orgulloso proud
originalidad originality
oro gold; **la regla de oro** the Golden Rule

orondo self-satisfied
oscuro dark
otoño fall, autumn
otro another; other; **al otro día** (on) the following day; **otra vez** again
oveja sheep

P

paciente *m., f.* patient
padecer (zc) to suffer
padre father; *pl.* parents
pagar (gu) to pay
página page
pago payment
país country
paisaje landscape
paja straw
pájaro bird
palabra word
palma palm tree
palo stick
paloma dove, pigeon
palpar to feel, touch
pan bread
pánico panic
panorámico panoramic
pantalón *sing., pl.* pants; **pantalones vaqueros** jeans
paño cloth
pañuelo handkerchief
papá *m.* dad, father
papel paper; role; **hacer** (*irreg.*) **el papel** to play a role
paquete package
par *m.* pair
para for; in order to; toward; by; **para que** *conj.* so that; **para sus adentros** to him/herself
paracaídas *m. sing., pl.* parachute
paradójicamente paradoxically
paraguas *m. sing., pl.* umbrella
paralelismo parallelism
paralelo parallel
paralítico handicapped
parar: no me paren bolas *coll.* don't pester me
parecer (zc) to seem; **parecerse** to look like, resemble
parecido similar, alike
pared wall
pareja pair; couple; partner
pariente *m., f.* relative
parque park; **parque de diversiones** amusement park
párrafo paragraph

parte *f.* part; **en cualquier parte** anywhere; **formar parte de** to be a member of
participación participation
participante *m., f.* participant
participar to participate
participio participle
partir: a partir de as of, starting from
pasa raisin
pasado *n.* past; *adj.* past; last
pasaje passage
pasajero passenger
pasaporte passport
pasar to pass; to spend (*time*); to happen, occur; **pasar desapercibido** to go unnoticed; **pasársela** to spend away time; **¿qué le pasa?** what's wrong?
pasatiempo pastime
paseo stroll, walk; **dar** (*irreg.*) **un paseo** to take a walk/stroll; **ir** (*irreg.*) **de paseo** to go for a walk/stroll; **salir** (*irreg.*) **de paseo** to go out for a walk/stroll
pasito *adv.* softly, gently
paso step
pata paw
patriarcal patriarchal
patrón pattern; trend
patronal: fiesta patronal patronal feast/festival
pausa pause
pausar to pause
paz peace
pecho chest
pedir (i, i) to ask
pegado stuck
peinarse to comb one's hair
película movie
peligro danger
pelo hair
pelota ball
pensamiento thought
pensar (ie) to think; **pensar en** to think about
peor worse; worst
pequeño small
percibir to perceive
perder (ie) to lose; to waste (*time*); **echar a perder** to spoil; **perderse** to get lost
pérdida loss
perdonar to pardon
pereza sloth, laziness
perezoso lazy
perfecto perfect

pérfido treacherous
periódico newspaper
periodista *m., f.* journalist
periodístico journalistic
período period
pero but
perplejo perplexed
perro dog
persistir to persist
persona person
personaje character (*in literature*)
personalidad personality
personificación personification
perspectiva perspective
persuadir to persuade
pertenecer (zc) to belong
pesar: a pesar de despite, in spite of
pesaroso sorry, repentant, sad
pesimista *n. m., f.* pessimist; *adj.* pessimistic
petición petition
petrimetre elegant
pianista *m., f.* pianist
pícaro naughty
pico corner, tip
pie foot; **de pie** standing
piedra stone
piel skin; leather
pierna leg
pieza piece; room; play (*in theatre*)
pincel fine brush
pintar to paint
pintor *m.* painter
pintura painting
pipa pipe
pisar to step on
piso floor
pizarra chalkboard
planta plant
plantar to plant
plata silver
plato dish, plate
playa beach
pleno: en pleno + *n.* in the middle of
pliegue fold
pluma feather
pobre *n. m., f., adj.* poor
poco *n.* a little bit; *adj., adv.* little, few; not very
poder *n.* power
poder *irreg.* to be able to, can
poema *m.* poem
poesía poetry
poeta *m., f.* poet
poético poetic

policía *m., f.* police officer
poliéster polyester
política *sing.* politics
político political
pollito chick, baby chicken
polvo dust; powder *(makeup)*; **quitar/sacar (qu) el polvo** to dust
poner *irreg.* to put; **poner una multa** to fine; **ponerse** to put on; **ponerse** + *adj.* to become; **ponerse a** + *inf.* to begin to *(do something)*
poquito a little bit
por for; because of; by; through; per; **por ahí** over there; **por el contrario** on the contrary; **por ejemplo** for example; **por ello** for that reason; **por error** by mistake; **por escrito** in writing; **por eso** for that reason; **por favor** please; **por fin** finally; **por lo general** in general; **por lo menos** at least; **por lo tanto** therefore; **por medio de** through, by way of; **por nada** for nothing; at all; **¿por qué?** why?; **por supuesto** of course
porque because
portátil portable
poseer to possess
posibilidad possibility
posible possible
posición position
positivo positive
postal: tarjeta postal postcard
postergar (gu) to postpone
póstumo posthumous
practicar (qu) to practice
práctico practical
pragmático pragmatic
preceder to precede
preciso exact; precise; necessary
prédica sermon; *coll.* harangue
predicado *gram.* predicate
predicción prediction
predominar to predominate
preferencia preference
preferir (ie, i) to prefer
pregunta question; **hacer** *(irreg.)* **preguntas** to ask questions
preguntar to ask
premeditado premeditated
premio prize, award
prensa press

preocupación concern, worry
preocuparse to worry
preparación preparation
preparar to prepare
presentar to present; **presentarse** to introduce oneself
presente present
prestar to lend; **prestar atención** to pay attention
presumir to be vain/conceited; to boast, show off
pretendiente suitor
pretensión pretension
primario: profesor primario elementary school teacher; **escuela primaria** elementary school
primavera spring
primer, primero first
primo cousin
primorosamente delicately; with attention to detail
principal main
príncipe prince
principio: al principio at first, in the beginning
prisa: tener *(irreg.)* **prisa** to be in a hurry
prisión prison
prisionero prisoner
privilegiado privileged
problema *m.* problem
proceso process
producción production
producir *irreg.* to produce
producto product
profano profane, secular
profesión profession
profesional professional
profesor *m.* teacher, professor; **profesor primario** elementary school teacher
profundo deep
programa *m.* program
progreso progress
prohibir (prohíbo) to forbid, prohibit
prolongación extension, lengthening
prometer to promise
promover *(like* **mover***)* to promote
pronombre *gram.* pronoun
pronto soon; **de pronto** suddenly; **tan pronto como** as soon as
pronunciación pronunciation
propio own, one's own
proporcionar to provide

propósito purpose
propuesta proposal
prosa prose
prosopopeya prosopopoeia *(personification)*
protagonista *m., f.* protagonist
proteger (j) to protect
protesta protest
provisionalmente temporarily
provocar (qu) to provoke; to tempt
proyectar to project
psicoanálisis psychoanalysis
psicoanalista *m., f.* psychoanalyst
psicológico psychological
psicólogo psychologist
publicar (qu) to publish
público *n.* audience; public; *adj.* public
pueblo town
puerta door
pues then, well
puesto (*p.p. of* **poner**) dressed, worn; **llevar puesto** to be wearing, have on
pulir to polish
punta end, tip
punto point; **punto de vista** point of view
puntuación punctuation; **signo de puntuación** punctuation mark
puñado handful

Q

quebrar (ie) to break
quedar to be left; **quedarse** to remain, stay
quejarse to complain
querer *irreg.* to want; to love; **querer decir** to mean
querido dear
quieto still, motionless
quinto fifth
quitar: quitar el polvo to dust; **quitarse** to take off *(clothing)*
quizá, quizás maybe, perhaps

R

racha *coll.* streak, run *(of luck)*
raíz *gram.* stem, root
raja stick
rallar to grate
rápido *adj.* fast, rapid; *adv.* quickly

raro rare; strange
rascarse (qu) to scratch oneself
rasgar (gu) to tear up, rip
rasgo trait, characteristic
rastro trace
rata rat
rato: al rato after a while
ratón mouse
razón *f.* reason; **(no) tener** (*irreg.*) **razón** to be right (wrong)
razonable reasonable
reacción reaction
realidad reality
realista *n. m., f.* realist, *adj.* realistic
realizar (c) to accomplish, carry out; to fulfill
rebelarse to rebel
rebeldía rebelliousness
rebelión rebellion
recepcionista *m., f.* receptionist
rechazar (c) to reject
recibir to receive
recién nacido newborn
recíproco reciprocal
recitación recitation
recital recitation; recital
recitar to recite
recoger (*like* **coger)** to gather, pick up
recomendación recommendation
recomendar to recommend
reconocer (*like* **conocer)** to recognize
reconstruir (*like* **construir)** to reconstruct
recordar (ue) to remember
recorrer to look over
recortar to clip
recostarse (*like* **costar)** to lean on
recrear to recreate
recreativo recreational
recuerdo memory; *pl.* regards, greetings
recurso recourse, resort; resource
redactar to write, draw up
redondo round
reducir *irreg.* to reduce
referencia reference
referir (ie, i) a to refer to
reflejar to reflect
reflexión reflection
reflexivo reflexive
regalar to give (*a present*)

regalo gift, present
regla rule; **la regla de oro** the Golden Rule
regresar to return
regular to regulate
reír(se) *irreg.* to laugh
relación relation
relacionado (con) related (to)
relajación relaxation
relamerse to lick one's lips
relatar to tell, relate
relato story, narrative
religioso religious
reloj *m.* clock
reluciente shining
remate: tonto de remate completely dumb
renunciar to renounce, give up
repasar to review
repetición repetition
repetir (i, i) to repeat
repetitivo repetitive
reponer (*like* **poner)** to replace
reportaje report
reportero reporter
representante *n. m., f.* representative
representar to represent
represión repression
represivo repressive
residir to reside
resolver (ue) (*p.p.* **resuelto**) to resolve; to solve
respectivo respective
respecto: con respecto a with respect to, with regard to
respetuosamente respectfully
respirar to breathe
resplandecer (zc) to shine
responder to answer
responsabilidad responsibility
respuesta answer
restaurante restaurant
resto rest
resultado result
resumen summary
retazo snippet
retrato portrait
reunión gathering, meeting
reunirse (me reúno) to meet, get together
revelación revelation
revelar to reveal
reverencia bow; curtsy
revisar to review
revolución revolution
revolver (*like* **volver)** to stir, mix
rico rich

ridiculizar (c) to ridicule
ridículo ridiculous
riesgo: correr el riesgo to run the risk
rima rhyme
rimar to rhyme
rincón corner
río river
risa laughter
rítmico rhythmic
ritmo rhythm
robar to steal, rob
rodear to surround
rodilla knee
rojo red
rol role
romance ballad
romancero writer or singer of ballads
romántico romantic
romperse to break
roncar (qu) to snore
ropa clothes, clothing
ropero closet
rosa rose
rostro face
ruido noise
ruidoso noisy
ruiseñor *m.* nightingale
ruptura break; breakup
rutina routine

S

saber *irreg.* to know; (*preterite*) to find out; **saber + ***inf.* to know how to (*do something*)
sacar (qu) to take out; **sacar el polvo** to dust
saco jacket
sacudir to shake
sala room; living room
salir *irreg.* to leave, go out; to come out, turn out; to appear; **salir de paseo** to go out for a walk/stroll; **salir mal** to turn out badly
saltar to jump
salto jump
saludar to greet
salvar to save
sangre *f.* blood
sarcasmo sarcasm
sarcástico sarcastic
sátira satire
satisfacción satisfaction
satisfecho (*p.p. of* **satisfacer**) satisfied
saxofón saxophone

sea: lo que sea whatever
sección section
secretario secretary
secreto secret
secundario secondary; **escuela secundaria** middle/high school
seguidos successive, in a row
seguir (i, i) (g) to follow
según according to
segundo *adj.* second
seguro *n.* insurance; *adj.* sure
selección selection
seleccionar to choose
semana week
sembrar (ie) to plant
semejanza similarity
sencillo simple
senectud old age
sentarse (ie) to sit down
sentido meaning; sense
sentimiento feeling
sentir(se) (ie, i) to feel
señalar to point out, indicate
señor Mr.; man
señora Mrs.; woman
señorita Miss; young woman
separación separation
sepultar to bury
ser *irreg.* to be; **a no ser que** *conj.* unless; **ser goloso** to have a sweet tooth; **ser mayor de edad** to be of age
ser humano human being
serie *f.* series
seriedad seriousness
serio serious
servicial obliging; helpful
servicio service
servir (i, i) to serve
severo severe
sexo sex
sexto sixth
si if
sí yes
siempre always
siesta: dormir (ue, u) la siesta to take a nap
sigiloso stealthy; secretive
significado meaning
significar (qu) to mean
signo sign; flourish; **signo de puntuación** punctuation mark
siguiente following
sílaba syllable
silencio silence
silla chair
sillón armchair

simbolizar (c) to symbolize
símil simile
similitud similarity
simpático nice
sin without; **sin embargo** however, nevertheless
sinalefa *gram.* synalepha, elision
sincero sincere
sino but, except, but rather; **sino que** *conj.* but rather
sinónimo synonym
sintaxis syntax
síntoma *m.* symptom
sirena siren
sistema *m.* system
sitio place
situación situation
sobre over; on; about; regarding
sobreponerse (*like* **poner**) to overcome
sobrina niece
sobrino nephew
sociedad society
sofá *m.* couch, sofa
sol sun; **hacer** (*irreg.*) **sol** to be sunny
soledad solitude; loneliness
solemnemente solemnly
soler (ue) to be in the habit of
sólido solid
solo *adj.* alone; only, sole
sólo *adv.* only
soltera unmarried woman
soltero bachelor
solución solution
sombra shadow
sombrero hat
sonar (ue) to sound, blow (*a horn*)
soneto sonnet
sonido sound
sonreír (*like* **reírse**) to smile
sonrisa smile
sorpresa surprise
sostener (*like* **tener**) to sustain
suave soft
subir to climb; to get in (*a car*); **subirse** to climb up
subjuntivo *gram.* subjunctive
subrayar to underline
subsistir to subsist
suburbano suburban
suceder to happen, occur
suceso happening, event
sucio dirty
suculento succulent
sudor *m.* sweat

suegra mother-in-law
suegro father-in-law
suela sole (*of a shoe*)
suelo floor; ground; **venirse** (*irreg.*) **al suelo** to fall to the ground
suelto (*p.p. of* **soltar**) carefree; loose
sueño dream; **tener** (*irreg.*) **sueño** to be sleepy
suerte *f.* luck; **tener** (*irreg.*) **suerte** to be lucky
sufijo *gram.* suffix
sufrimiento suffering
sufrir to suffer
sugerencia suggestion
sugerir (ie, i) to suggest
sujeto subject
sumar to add
superficie *f.* surface
supersticioso superstitious
supuesto: por supuesto of course
sur *m.* south
suspirar to sigh
sustantivo *gram.* noun
susurrar to whisper, murmur
sutil subtle

T

tal such (a); **con tal de que** provided that; **tal vez** perhaps, maybe
talento talent
tamaño size
también also
tambor *m.* drum
tampoco neither, not either
tan so, as; such; **tan... como** as . . . as; **tan pronto como** as soon as
tanto so much; as much; *pl.* so many; as many; **por lo tanto** therefore; **tanto... como...** both . . . and . . . ; **tanto como** as much as; **un tanto** somewhat, a bit
tapar to cover
tarde *f.* afternoon; *adv.* late
tarea task; chore; homework; **tarea doméstica** household chore
tarima platform
tarjeta card; **tarjeta de crédito** credit card; **tarjeta postal** postcard
tazón large cup; bowl
té tea

teatral pertaining to the theater
teatralidad theatricality
teatro theater
techo ceiling
tela cloth
telefónico *adj.* telephone
teléfono telephone; **teléfono celular** cellular telephone
tema *m.* subject; theme
temática subject matter
temblor *m.* tremor
temer to fear
temporada season
temprano early
tender: tender (ie) la cama to make the bed
tener *irreg.* to have; **tener ... años** to be . . . years old; **tener en cuenta** to take into account; to keep in mind; **tener calor/frío** to be hot/cold (*body temperature*); **tener ganas de** + *inf.* to feel like (*doing something*); **tener hambre** to be hungry; **tener lugar** to take place; **tener miedo** to be afraid; **tener prisa** to be in a hurry; **tener que** + *inf.* to have to (*do something*); **(no) tener razón** to be right (wrong); **tener sueño** to be sleepy; **tener suerte** to be lucky
tenue tenuous
teoría theory
tercer, tercero third
terminación ending
terminante definite, final
terminar (por) to end (up)
término term; **en término on time**
terraza terrace
testigo *m., f.* witness
testimonio testimony
texto text
tiempo time; weather; *gram.* tense; **a tiempo** on time; **al mismo tiempo** at the same time; **hacer** (*irreg.*) **buen/mal tiempo** to be good/bad weather; **tiempo libre** free/spare time
tienda store
tierra Earth
tímido shy, timid
tinieblas *pl.* darkness
típico typical
tipo type

tirar to throw
tirón tug
titular to title
título title
tobillo ankle
tocar (qu) to touch; to play (*an instrument*); **tocarle a uno** to be someone's turn
todavía still
todo *n.* all, everything, all of; *pl.* everybody, everyone; *adj.* all; every; whole
tomar to take; to drink; to eat; **tomar (el) fresco** to breathe fresh air; **tomar fotos** to take pictures
tono tone
tontería foolish thing
tonto silly, dumb; **tonto de remate** completely dumb
tópico topic
tormenta storm
torre *f.* tower
tortuga turtle
tortura torture
trabajar to work
trabajo work; job; **trabajo doméstico** housework
tradición tradition
traducido translated
traer *irreg.* to bring
tráfico traffic
tragar (gu) to swallow
trago alcoholic drink
traje suit; **traje de novia** wedding dress
trama plot
trampa trap
tranquilidad quiet, peace, tranquility
tranquilo quiet, peaceful
transformar to transform
transparente transparent
transportar to transport
transporte transportation
tras *prep.* after, behind
trastienda back room (*of a shop*)
tratar to treat; **se trata de** it's a question of, it's about; **tratar de** + *inf.* to try to (*do something*); **tratar de** + *n.* to deal with (*a topic*)
trato treatment
través: a través de through
trebejo knickknack, trinket
trenza braid
tribunal court
tripa intestine

triste sad
tristeza sadness
tumba tomb

U

último last
ultraísmo extremism
único only
unidad unity
uniformarse to become uniform
uniforme *n.* uniform; *adj.* uniform
unir to join; to unite
universidad university
uña fingernail
usar to use
uso use
utilizar (c) to use
uva grape

V

vacaciones *f. pl.* vacation
vajilla china, tableware
valiente brave
valioso valuable
valor *m.* value
vaquero: pantalones vaqueros jeans
variedad variety
varios several
vaso glass
vecino neighbor
vena vein
vender to sell
venganza revenge
venir *irreg.* to come; **venir en gana** (*to do*) whatever one feels like doing; **venirse al suelo** to fall to the ground
ventaja advantage
ventana window
ventilador *m.* fan
ver *irreg.* to see; **ya ves** so you see
verdad *n.* truth; *adj.* true; **¿verdad?** right?
verdadero real
verde green
versión version
verso verse; poetry; line of poetry
vestido dress
vestimenta clothes, garments
vestimentario pertaining to clothing

vestir (i, i) to dress; **vestirse** to get dressed

vez time, instance; **a veces** sometimes; **alguna vez** sometime; once; ever (*with a question*); **cada vez más** more and more; **de vez en cuando** once in a while; **en vez de** instead of; **otra vez** again; **tal vez** perhaps, maybe

viajar to travel

viaje trip

vibración vibration

vibrar to vibrate

vicepresidente vice president

victorioso victorious

vida life

viejo old

viento wind

vigilar to watch, keep an eye on

vinagre vinegar

violencia violence

violinista *m., f.* violinist

virtud virtue

visita visit; **hacer** (*irreg.*) **visitas** to visit

visitar to visit

vista view; **punto de vista** point of view

vistazo glance

visto (*p.p. of* **ver**) seen

vivienda housing, living quarters

vivir to live

vivo alive

vocabulario vocabulary

vocal vowel

volar (ue) to fly

voluntad will

volver *irreg.* to return; **volver a** + *inf.* to (*do something*) again

vomitar to vomit

voz voice; **en voz alta** aloud

vuelo flight

vuelta: dar (*irreg.*) **(las) vueltas** to go for a ride

vuelto (*p.p. of* **volver**) inside out; reversed

Y

y and

ya already; right away; now; **ya no** no longer; **ya ves** so you see

yerba weed

Z

zanahoria carrot

zapatilla: zapatilla de deporte sports shoe

zapato shoe

zona area, zone

zorro fox

Credits

Photos and illustrations

Page 3 AP Photo/EFE; **Page 10** © Andersen/SIPA; **Page 17** © AFP/Corbis; **Page 25** Courtesy of The Hispanic Society of America, New York; **Page 33** AP Photo/Dana Tynan; **Page 47** © Bettmann/Corbis; **Page 54** © Fernando Pastene/Latinfocus.com; **Page 60** Courtesy of Eduardo Galeano; **Page 66** Courtesy of Alberto Romero; **Page 73** Courtesy of Sra. Alida de Ribeyro, photograph by Víctor Flores Olea; **Page 82** Courtesy of David Bary; **Page 91** Courtesy of Enrique Ordóñez Vilá; **Page 99** © 2002 Michael Ramírez/Latinfocus.com; **Page 107** AP Photo/Ricardo Figueroa; **Page 117** © 2002 Michael Ramírez/Latinfocus.com; **Page 127** © AFP/Corbis

About the Authors

Alicia Ramos (Ph.D., University of Pennsylvania) is Associate Professor of Spanish and coordinator in Romance Languages at Hunter College, City University of New York (CUNY). Professor Ramos has served on the faculties of Barnard College, Indiana University of Pennsylvania, Williams College, and of the Spanish School of Middlebury College. In addition to publishing in the field of Hispanic literature, Alicia Ramos is coauthor of several other college Spanish textbooks, including *Entrevistas* (published by McGraw-Hill). Professor Ramos is, in addition, a certified ACTFL Oral Proficiency Tester.

Iraida H. López is Assistant Professor of Spanish in the School of American and International Studies at Ramapo College of New Jersey, where she teaches all levels of Spanish, methodology of second-language acquisition, and literature. She holds a Ph.D. in Hispanic Literatures from the Graduate Center, City University of New York. Her book, *La autobiografía hispana en los Estados Unidos: a través del caleidoscopio,* was published by Edwin Mellen Press in 2001. Her work has also appeared in *Cuban Studies/Estudios cubanos, The Michigan Quarterly Review, Anales del caribe, Letras femeninas, Revista/Review interamericana, Ciberletras,* and *Hispanic Review.* Among her research interests are Cuban and Caribbean fiction, Latino literature in the context of the Americas, gender studies, and applied linguistics.

Olga Casanova-Burgess was born in Ciales, Puerto Rico and grew up in Puerto Rico and New York. She is Professor of Spanish in the Department of Modern Languages and Comparative Literature at Baruch College, City University of New York (CUNY). She holds a B.A. from Lehman College, an M.A. from Hunter College, and a Ph.D. from the Graduate Center, CUNY. A specialist in Latin American and Caribbean Literature, she has published: *La crítica social en la obra de Enrique A. Laguerre* (Cultural, 1975), *La novela puertorriqueña contemporánea* (Instituto de Cultura, 1986), and *La charca de M. Zeno Gandía: temas y estilo* (Plaza Mayor, 1992). She is a published poet (*Raíz al aire;* Las Américas, 1975), her poems have appeared in literary journals and anthologies in the U.S. and abroad. She is currently working on a further volume of poetry.